CHAMBRE DE COMMERCE DU HAVRE

EXTRAIT

DU

PROCÈS-VERBAL D'INSTALLATION

DES NOUVEAUX MEMBRES

HAVRE

IMPRIMERIE DU COMMERCE — ALPH. LEMALE

1847

Imprimerie et Librairie
Alph. Lemale

RUE DES DRAPIERS 26. — HAVRE.

BULLETIN DE DÉPOT.

Titre de l'ouvrage. . . . . *Extrait du Procès-verbal d'Installation des nouveaux membres de la Chambre de Commerce.*

Nº de la Déclaration. . . . .

Nº du Récépissé. *1404*

Nombre d'exemplaires . . . . *quatre cents*

Nombre de feuilles d'impression . . . *quatre et demie*

Nombre de volumes. . . . .

Nombre de feuilles de l'ouvrage entier. . . . .

Format de l'Édition. . . . . *grand in-octavo*

Prix particulier de l'ouvrage. . . . .

Havre, le *19 octobre* 1847

Alph. Lemale

CHAMBRE DE COMMERCE DU HAVRE

EXTRAIT DU PROCÈS-VERBAL D'INSTALLATION

DES NOUVEAUX MEMBRES

Imprimerie Alph. LEMALE, rue des Drapiers, 20.

CHAMBRE DE COMMERCE DU HAVRE

EXTRAIT

DU

PROCÈS-VERBAL D'INSTALLATION

DES NOUVEAUX MEMBRES

Le Vendredi huit Octobre mil huit cent quarante-sept, à midi et demi, La Chambre de Commerce se réunit dans le lieu ordinaire de ses Séances, sous la Présidence de M. Hermié, *Vice-Président.*

Sont présents :

MM. Lamotte,	MM. Clerc,
Bonnaffé,	Ferrère,
Dubois,	Labouchère,
Normand,	Perquer.
Blanchard,	

MM. Ed. Larue,   MM. Dollfus,
  Henri Monod,   Bertin,

Membres nouvellement nommés en remplacement de MM. Hermé, Th. Lamotte, Aug. Bonnaffé, Dubois et Ed. Monod, dont les fonctions sont expirées.

Le Procès-Verbal de la Séance du 24 Septembre est lu et approuvé.

Le Secrétaire donne lecture, au nom de M. Delaroche, *Président* de La Chambre, retenu chez lui par une indisposition, de l'exposé suivant des Travaux de La Chambre depuis l'époque de son dernier renouvellement.

Messieurs,

L'exemple donné par plusieurs Chambres de Commerce de retracer périodiquement le Tableau de leurs Travaux, et notamment de choisir, pour présenter ce Tableau, l'époque du renouvellement partiel de leurs Membres, avait déjà, depuis quelques années, excité vos sympathies, sans que cependant vous eussiez, jusqu'à présent, cru devoir entrer dans cette voie. Vers le commencement de cette année, vous avez pensé qu'il ne suffit pas d'accorder une stérile approbation à ce qui se fait ailleurs, mais qu'il est bien de l'imiter ; qu'il convient de passer en revue les objets qui vous ont occupés pendant toute une année. Ce retour sur un passé encore rapproché peut en effet fournir l'occasion d'utiles réflexions. La solennité de l'installation des nouveaux Membres que le renouvellement annuel appelle dans votre sein, vous a paru particulièrement convenable pour ce coup-d'œil rétrospectif. Ceux de nos Collègues qui, après avoir pris une part active à nos Travaux, doivent se séparer de nous, pourront y trouver une source de souvenirs intéressants ; nos nouveaux Collègues seront en quelque sorte initiés à ces mêmes Travaux ; ils puiseront, dans ce Tableau qui leur est présenté, la connaissance des questions sur lesquelles vous avez eu à vous prononcer, de l'esprit qui vous a dirigés ; ils pourront juger, dès le début, jusqu'à quel point cet esprit est conforme à leurs propres idées; ils seront mis à portée de mesurer la carrière qu'ils devront à leur tour avoir à parcourir.

Question
du
Libre-Échange

Au moment même où le dernier renouvellement périodique de la Chambre de Commerce allait s'effectuer, où les choix des nouveaux Membres étaient déjà connus, et n'attendaient plus, pour être rendus complètement efficaces pour l'installation des élus, que l'approbation de l'Autorité (*), une question des plus hautes et des plus graves venait de surgir. Des esprits sérieux avaient depuis longtemps porté leurs études sur l'examen des rapports qui doivent exister entre tous les Membres de la Société humaine, sous le point de vue de la production et de la consommation, et particulièrement des moyens que les Législateurs de tous les pays doivent employer pour

---

(*) Il convient de placer ici une courte explication sur ce mot « d'*Approbation de l'Autorité* ». — L'arrêté des Consuls du 3 nivose an XI, qui a créé les Chambres de Commerce, leur avait concédé la faculté de procéder elles-mêmes à l'élection de leurs Membres, mais en réservant au Ministre l'approbation du choix. L'ordonnance du 16 Juin 1832, en établissant un nouveau mode d'élection, n'a pas reproduit cette dernière disposition ; la nomination des Membres des Chambres de Commerce n'est donc soumise à aucune approbation, mais le Ministre du Commerce examine les procès-verbaux d'élection, et ce n'est que lorsque les opérations sont reconnues régulières que l'installation des nouveaux élus a lieu.

rendre ces rapports plus faciles , pour que chacun puisse jouir le plus librement et le plus complètement possible de tous les biens que la Providence divine a répandus sur la terre. Ces hommes pensèrent que le moment était venu de ne pas se borner à consigner isolément et accidentellement le fruit de leurs méditations dans des livres ou dans des écrits à la portée d'un petit nombre de lecteurs ; qu'il était temps de donner, si je puis m'exprimer ainsi , un corps à leurs doctrines.

Vivement frappés surtout des graves inconvénients que présente le système général des douanes en France, des obstacles qu'il oppose particulièrement à la réalisation de leurs vues ; pénétrés dès lors de la nécessité des réformes les plus étendues ; et excités par l'exemple du succès obtenu dans un pays voisin par les efforts de la ligue contre les lois sur les grains , ils formèrent une association pour la *Liberté des Échanges.* Un des premiers actes de cette association fut de rendre publique la manifestation de ses principes, des vues qu'elle chercherait à faire prévaloir. Sa déclaration fut remise à La Chambre de Commerce par un de ses Membres les plus influents , l'honorable M. Anisson-Dupéron , Pair de France, dans une réunion dans laquelle il réclama son concours pour le triomphe des doctrines professées par l'Association, ne se dissimulant pas les obstacles qu'elles devaient rencontrer.

Après avoir entendu , avec l'intérêt que devait exciter l'importance du sujet, les développements dans lesquels était entré l'organe de l'Association du *Libre-Échange* ; après lui avoir présenté quelques unes des principales objections que l'exposition dogmatique de principes trop absolus avaient fait naître dans l'esprit de quelques Membres de La Chambre ; après lui avoir surtout exprimé l'opinion unanime de ceux des Membres qui assistaient à la séance, sur la position que La Chambre de Commerce devait garder vis-à-vis de l'Association, elle crut nécessaire , dans une séance subséquente, de manifester d'une manière plus explicite , ses sentiments. Une lettre fut, en conséquence, écrite à M. Anisson-Dupéron, et en même temps rendue publique (*). Dans cette lettre, La Chambre commençait par établir nettement sa position. Elle déclarait : « Qu'elle ne » pensait pas qu'une Chambre de Commerce, organe légal des inté- » rêts commerciaux auprès du Gouvernement, pût, comme corps, » prendre une part directe à l'Association pour la liberté des » échanges. » Elle réservait cependant aussi à chacun de ses Membres « l'entière liberté de suivre l'inspiration de ses convictions » personnelles, et de manifester, dans l'étendue qu'il jugerait con- » venable, son adhésion aux principes que cette Association se » propose de faire prévaloir. »

Après avoir ainsi établi la règle qu'elle entendait suivre dans les débats qui allaient s'ouvrir, La Chambre exprimait des doutes sur la bonté de la ligne de conduite adoptée par l'Association. L'énonciation de principes absolus, propres à effrayer un grand nombre d'intérêts, ne lui paraissait pas un moyen d'obtenir un résultat véritablement utile et pratique. Elle aurait préféré voir attaquer corps à corps une seule industrie : celle des producteurs de fer qui jouissent, d'après notre législation, d'une protection évidemment exagérée. Elle citait à cet égard la conduite de la ligue anglaise contre les lois des céréales, qui s'était attachée à cet unique objet, et qui, en surmontant les obstacles opposés par un seul intérêt, avait fait écrouler tout l'édifice du système de protection. Elle faisait observer qu'elle n'avait pas attendu d'y être provoquée par l'Association du Libre-Échange pour combattre les priviléges des producteurs de fer. Dans le cours de la conférence avec M. Anisson-Dupéron, plusieurs membres avaient remarqué le silence absolu gardé par l'Association sur les intérêts maritimes. La Chambre ne pouvait manquer de reproduire cette remarque. En faisant ressortir toute l'importance de ces intérêts, elle signalait comme devant être l'ob-

---

(*) Voir le *Journal du Havre* et le *Courrier du Havre* du 5 Octobre 1846.

jet d'une étude sérieuse, dans laquelle des questions fort compli
quées ne pouvaient manquer de surgir, la possibilité d'appliquer à la
législation qui régit le commerce maritime en France les principes
professés par l'Association du Libre-Échange. Elle faisait remarquer
que l'Angleterre, qui avait si résolument porté la hache de la réforme dans son système de Douanes, n'avait opéré aucun retran-
chement dans les priviléges réservés à son pavillon : que, loin de
là, en accordant à ses colonies quelques facilités, elle avait main-
tenu sa propre navigation en possession du transport exclusif des
articles dont elle facilitait l'exportation. La Chambre ne pouvait
cependant, jusqu'à un certain point, se plaindre de l'oubli dans lequel l'Association laissait les questions maritimes ; elle manifestait,
avec les ménagements convenables, le peu de confiance que lui auraient inspiré pour l'étude de ces questions, les hommes dont les
noms figuraient au bas de la déclaration. Elle terminait en rappe-
lant, que toute sa correspondance avec le Ministère du Commerce
fournissait la preuve qu'elle n'avait cessé de se prononcer d'une
manière explicite sur la nécessité d'opérer de nombreuses et importantes réformes dans notre législation douanière, et elle indiquait quelques uns des articles principaux sur lesquels ces réformes
devaient porter. Elle annonçait à M. Anisson-Dupéron qu'elle serait très disposée, lorsque l'Association, sortant des abstractions,
voudrait porter ses attaques sur des points déterminés, à se joindre
à elle dans les termes qui lui paraîtraient compatibles avec les
intérêts commerciaux. C'est par cette lettre, adressée à M. Anisson-Dupéron le 2 octobre 1846, que La Chambre qui vous a précé-
dés, Messieurs, a, en quelque sorte, clos ses travaux. Le 9 octobre,
jour de votre installation, vous avez reçu de cet honorable Pair
une réponse qu'il a également livrée à la publicité (*). Cherchant à
mettre la Chambre en contradiction avec elle-même en ce que, ré-

---

(*) Voir le *Journal du Havre* et le *Courrier du Havre* du 8 Octobre 1846.

clamant dans l'intérèt de la navigation la suppression des priviléges dont jouit l'industrie du fer, elle veut en même temps le maintien de ceux qui sont accordés à notre Pavillon, M. Anisson re-
connaît cependant que la puissance navale militaire dépend de la
prospérité de la marine marchande : mais il lui reste des doutes
sur le point de savoir si ces privilèges sont vraiment utiles aux
solides progrès de cette dernière; en tout cas, il admet qu'il serait
peu prudent d'en prononcer l'abolition avant d'avoir, par d'autres
réformes, mis le Pavillon français en mesure de mieux soutenir la
concurrence du Pavillon étranger. Il répond aux observations relatives à la marche suivie par l'Association du Libre-Échange, et
notamment à l'exemple cité de la ligue anglaise, que La Chambre n'a
pas suffisamment apprécié les actes de cette ligue, et il justifie la
proclamation de principes absolus par la nécessité de conserver la
considération et l'influence morale d'une position franche, avouée
et nette de toute arrière-pensée.

Ce que La Chambre avait prévu ne tarda pas à se réaliser :
les déclarations abstraites de l'Association du Libre-Échange don-
nèrent l'alarme aux intérêts si nombreux en France qui, à un degré
quelconque, sont en possession de la protection. De tous côtés
des réclamations s'élevèrent : presque toutes les industries se cru-
rent menacées, et *la défense du travail national* devint le drapeau
sous lequel il leur parut nécessaire de se ranger. Une association, à
la tête de laquelle se placèrent les hommes les plus recommandables, se forma à Paris; cherchant à rallier sous sa bannière tous
les intérêts atteints par les réformes dont le Libre-Échange procla-
mait la nécessité, elle n'eut garde d'oublier les intérêts maritimes;
elle leur fit un appel particulier dont elle adressa un exemplaire
à La Chambre de Commerce, en réclamant son concours. La position prise vis-à-vis de l'Association du Libre-Echange avait été
trop nettement établie pour que vous eussiez un moment d'hési-
tation sur celle où vous voudriez vous placer à l'égard de ses adver-

saires. Laissant toujours à chacun des Membres de La Chambre la liberté d'action la plus complète, vous avez décliné tout concours comme corps officiel, sans cacher toutefois votre résolution de solliciter de nombreuses réformes. Vous avez mentionné dans votre réponse, comme une preuve de votre intention de vous placer en dehors de toute influence étrangère, le refus fait par plusieurs d'entre vous de concourir aux premiers travaux d'une association particulière, formée au Havre, et dont le but avait dû provoquer cependant vos plus vives sympathies, puisqu'il s'agissait d'une réforme commerciale par la réduction des droits de Douane et des taxes de consommation.

Plus tard, cette même association vous adressa une série de questions relatives aux mesures qu'il pourrait être convenable d'adopter dans l'intérêt de notre marine marchande. Elle vous engageait à vous livrer à l'examen de ces questions et à lui faire parvenir les solutions dont elles vous auraient paru susceptibles. Vous crûtes apercevoir dans cet appel un moyen indirect de vous faire sortir de la position que vous aviez adoptée, et de vous entraîner dans le cercle d'action de l'Association protectionniste, et vous refusâtes de répondre à ces questions.

Je me hâte cependant de dire, quoique cela m'écarte un peu du sujet que je traite en ce moment, que vous n'êtes pas restés indifférents aux graves intérêts qui faisaient l'objet des questions dont je viens de parler. Une Commission formée dans votre sein, dès le début de vos Travaux, est chargée d'examiner l'état de notre marine marchande; d'indiquer, s'il y a lieu, les causes de sa décadence, les moyens d'y remédier, et de comparer son état avec celui des marines des autres pays. La nécessité de recueillir quelques informations importantes a retardé les travaux de cette Commission. Vous aurez dans le cours de votre présente séance à remplacer deux de ses Membres qui se trouvent parmi ceux dont nous avons le regret de nous séparer.

Dans cet exposé sur un objet destiné nécessairement à tenir une grande place dans les préoccupations de ceux qui prennent intérêt à la prospérité nationale, je me suis attaché, Messieurs, à établir, de la manière la plus complète, le rôle que La Chambre de Commerce du Havre a voulu jouer; la position qu'elle a voulu maintenir dans ce grand débat entre des théories auxquelles elle ne peut en général refuser ses sympathies et des intérêts qui redoutent l'application trop absolue, trop immédiate de ces mêmes théories. INDÉPENDANCE COMPLÈTE DE TOUTE INFLUENCE ÉTRANGÈRE, RÉSOLUTION DE NE PAS VOUS RELACHER DANS VOS EFFORTS POUR OBTENIR, DANS LE SYSTÈME GÉNÉRAL DE NOTRE TARIF DES DOUANES, TOUTES LES RÉFORMES QUE PEUT RÉCLAMER L'INTÉRÈT DU COMMERCE; voilà, Messieurs, la devise inscrite sur votre drapeau : elle doit, n'en doutez pas, donner aux réclamations, que vous êtes dans le cas d'adresser au Gouvernement et aux Chambres législatives, beaucoup plus d'influence que si, vous étant inscrits d'avance dans les rangs d'une association marchant vers le triomphe d'un principe général, vos demandes pouvaient être attribuées au besoin de vous conformer au mot d'ordre de cette association.

Projet de Loi sur les Douanes

Vous n'avez pas laissé échapper les occasions qui se sont présentées de manifester vos vœux sur les réformes à opérer dans le Tarif des Douanes. Je ne dirai que quelques mots de deux questions sans importance sur lesquelles vous avez été officiellement appelés à émettre un avis. M. le Ministre du Commerce vous a consultés sur des modifications du Tarif concernant les Foulards et les Fanons de Baleine. En vous prononçant, sur le premier objet, en faveur du principe de la réduction de droits, vous avez cependant appelé l'attention de M. le Ministre sur la conséquence nécessaire des chiffres proposés, qui devait être de favoriser, encore plus que ne le fait le Tarif actuel, l'importation des Foulards imprimés en Angleterre. Vos observations n'ont pas été accueillies, car les chiffres portés au projet de loi de Douane, présenté par le Gouvernement, sont ceux que contenait la lettre du Ministre. Vous n'avez pu laisser échapper cette occasion de renouveler l'expression de la surprise que déjà La Chambre avait manifestée à l'occasion d'une question du même genre, sur les Nankins, de voir le Ministre s'occuper d'objets si minimes, et laisser de côté l'article si important des Cafés. Quant aux Fanons de Baleine vous avez adhéré aux réductions proposées; mais il paraît que M. le Ministre n'a pas persisté dans l'opinion qu'il vous avait manifestée. Le projet de loi sur les Douanes comprend, à la vérité, les Fanons de Baleine de pêche française parmi les articles affranchis de tout droit, mais il laisse subsister le Tarif actuel pour les Fanons de pêche étrangère.

Je viens, Messieurs, de faire mention du projet de loi sur les Douanes. Vous savez que ce projet, faisant disparaître du Tarif un grand nombre d'articles dont les droits ne produisaient qu'un revenu insignifiant, levant quelques prohibitions, contenait particulièrement une disposition destinée, par des affranchissements de droits sur les articles servant aux constructions navales, à favoriser cette branche importante de notre industrie et de notre navigation. Nous avons dû nous livrer à l'examen de la loi proposée ; elle était loin de répondre à notre attente ; elle nous paraissait bien incomplète : des articles importants qui n'avaient cessé de faire l'objet de nos réclamations les plus pressantes n'y étaient même pas mentionnés. Cependant, nous avons pensé qu'il fallait tenir compte au Gouvernement des réformes si timides qu'il proposait. La disposition relative aux matériaux pour les constructions navales ne pouvait donner lieu de notre part à aucune objection.

Nous avons donné à notre Collègue, M. Clerc, la mission de se présenter pour nous auprès de la Commission de la Chambre des Députés, à laquelle était confié l'examen du Projet. Nous l'avons chargé d'exprimer notre adhésion à ce Projet, en demandant cependant que les Bois d'Ebénisterie fussent ajoutés à la nomenclature des articles exemptés de droits à leur importation par navires français, de tous pays hors d'Europe. Ces Bois sont pour nos navires l'objet d'un fret important : quelques-uns d'entre eux seraient susceptibles de recevoir dans les constructions navales un emploi utile ; enfin, leur admission en franchise favoriserait la fabrication des meubles en Bois plein, si préférables dans les pays intertropicaux aux meubles en Bois plaqué.

Nous n'avons pas tardé à apprendre que la Commission pourrait se trouver conduite à examiner quelques questions en dehors de la proposition ministérielle, et nous avons dû donner à notre Délégué nos instructions en conséquence. Cinq articles ont été particulièrement l'objet de notre examen : les Cafés, les Sucres, les Houilles, les Fers et les Fontes. Nous n'avions sur presque toutes ces questions, autre chose à faire que de nous reporter à nos précédentes demandes, et d'inviter notre Délégué à les présenter de nouveau avec tous les développements que des études antérieures et une parfaite connaissance des vœux et des intérêts du Commerce le mettaient mieux que personne à portée de fournir.

Cafés

Pour les Cafés, notamment, nous ne pouvions que persister dans la demande de réduction que, depuis un grand nombre d'années, nous ne cessons de présenter. Nous nous sommes complétement ralliés au vœu émis par le Conseil Général du Commerce dans sa dernière session : réduction de moitié sur toutes les taxes, en maintenant une surtaxe de cinq francs sur les importations des Entrepôts d'Europe et de dix francs sur celles par navire étranger.

Sucres

La question des Sucres offrait des difficultés sérieuses. La production du Sucre indigène ne cesse de s'accroître dans une progression vraiment effrayante pour tous ceux qui considèrent le Sucre comme un des aliments les plus importants que les pays intertropicaux puissent offrir à notre navigation ; pour ceux surtout, qui, voyant dans les habitants des Colonies françaises des concitoyens et en même temps des consommateurs pour une portion très notable des produits de notre industrie et de notre agriculture, ne peuvent envisager leur ruine avec indifférence. La production indigène, d'après les progrès qu'elle a constamment faits, et que la dernière Loi n'a, en aucune manière, arrêtés, que l'égalité complète de taxe n'arrêtera certainement pas davantage, tend évidemment à exclure de la consommation de la France les Sucres de cannes de toute provenance, et particulièrement ceux de nos Colonies qui, dans l'état actuel de notre législation, y tiennent encore le premier rang. Cette perspective, l'influence qu'une semblable exclusion devra nécessairement exercer sur notre navigation, ne pouvaient manquer de préoccuper vivement vos esprits. La nécessité d'un remède n'était pas douteuse ; mais quel devait être ce remède ? C'était là une question des plus ardues.

A la fin de 1842, La Chambre de Commerce avait demandé la suppression du Sucre indigène, et le Ministère avait lui-même, le 10 Janvier 1843, présenté un projet de loi conforme à cette demande ; mais la Chambre des Députés n'avait pas voulu s'associer à ce système. La suppression serait encore aujourd'hui, aux yeux de beaucoup d'entre vous, Messieurs, le remède le plus réellement efficace qu'il fût possible d'employer, et les motifs assurément ne manqueraient pas pour en justifier la proposition ; mais vous avez considéré que, dans la situation actuelle des choses, dans la disposition générale des esprits en France, une pareille proposition n'aurait évidemment aucune chance quelconque de succès. Vous n'avez pas voulu vous heurter contre des impossibilités. Vous vous êtes arrêtés à un système qui, s'il doit, on ne peut en douter, rencontrer de graves et sérieuses contradictions, ne blesse cependant aucune des règles les plus saines de l'économie politique, ne froisse aucun des droits auxquels le Commerce, d'une part, et les producteurs de Sucres des deux côtés de l'Atlantique doivent attacher le plus d'importance.

L'intérêt de la Navigation commerciale, élément si essentiel de la puissance navale du pays, qui, en 1842, avait déterminé vos prédécesseurs à demander la suppression du Sucre indigène, devait encore vous guider dans les nouvelles circonstances où vous vous trouviez placés. Vous avez dès lors pensé qu'il importe de donner à cet intérêt une ample satisfaction, en demandant que la distinction entre le Sucre étranger et celui des Colonies françaises disparaisse entièrement ; qu'admis l'un et l'autre à l'importation par navires français, à des conditions égales, ils puissent venir sur nos marchés en quantités considérables, et créer ainsi à la production indigène la concurrence la plus redoutable qu'il soit possible de lui opposer. Cette égalité de droits vous a paru un moyen puissant d'étendre les relations du Commerce français, de faciliter l'écoulement des produits de notre Agriculture et de notre Industrie dans des pays, au Brésil notamment, dont en ce moment l'élévation des droits rend presque impossible de consommer les produits. Sans vous être jamais associés aux réclamations qui se sont plusieurs fois élevées contre l'application de quittances de droits payés pour des Sucres étrangers à la sortie de raffinés fabriqués avec des Sucres français, l'entière égalité vous a paru le moyen le plus direct de faire cesser toute plainte à cet égard. Un autre motif encore devait avoir une grande influence sur vos déterminations. L'Angleterre venait d'ouvrir ses marchés de consommation aux Sucres de toute provenance, en en assurant toutefois à son propre pavillon le transport exclusif. L'effet de cette mesure doit être nécessairement de livrer aux navires anglais l'exportation de tous les Sucres du Brésil, de Cuba, de Porto-Ricco, etc. Vous avez reconnu indispensable de faire entrer la navigation française au partage de cette masse si considérable de transports.

Vous ne vous êtes pas dissimulé, Messieurs, l'espèce de contradiction que l'on pouvait vous reprocher, en ce que, vous plaignant de la concurrence que le Sucre indigène vient apporter à la production de nos Colonies, cherchant à combattre les effets de cette concurrence, vous voulez cependant ouvrir nos marchés à un autre concurrent non moins redoutable. Vous ne vous êtes pas laissé arrêter par cette contradiction apparente : vous avez pensé que l'intérêt de la navigation ne permettait pas d'hésiter à adopter le seul parti qui puisse la sauver de la ruine dont le Sucre de betterave la menace. Vous avez d'ailleurs reconnu la justice d'offrir aux Colonies françaises, en compensation du privilége qu'elles perdraient, l'affranchissement des conditions restrictives auxquelles elles sont soumises de la part de la Métropole, tant pour l'exportation de leurs produits, que pour leur approvisionnement de tous les objets nécessaires à leur consommation, en réservant toutefois, dans l'un et l'autre cas, les transports au pavillon national.

Ce système s'écartait tellement des idées jusqu'alors admises sans contestation ; il ouvrait si largement la voie à des principes tout différents de ceux qui vous avaient été en quelque sorte transmis par vos prédécesseurs, que j'ai cru nécessaire de développer ici avec quelque étendue les considérations qui vous ont inspiré la résolution à laquelle vous vous êtes arrêtés.

Houilles.

Votre vœu, en ce qui concernait les houilles, se résumait en peu de mots : abaissement de la taxe, et, par dessus tout, suppression des zônes. La Chambre de Commerce du Havre a constamment protesté depuis 1835 contre le système des zônes ; système désastreux qui favorise l'industrie de certaines contrées au préjudice de celle d'autres parties du royaume. Vous n'avez pas hésité à persister dans les mêmes réclamations.

Fers et Fontes.

Le maintien des demandes antérieures au sujet des fers et des fontes était aussi tout ce que vous pouviez recommander à M. Clerc.

Bois propres
aux
Constructions
navales
façonnés
à l'Étranger

Dans le cours de vos délibérations sur les questions de douanes, une observation vous a été présentée sur le renchérissement du fret qui résulte, pour les bois de construction, de la nécessité de les introduire à l'état brut ou simplement équarris à la hache. Accueillant cette observation, vous avez pensé qu'il y aurait avantage pour les constructions navales à pouvoir introduire les bois façonnés à l'étranger pour être employés à la construction des navires. La faible main-d'œuvre dont les ouvriers français se trouveraient privés ne vous a pas paru devoir entrer en balance avec l'avantage d'être dispensés du fret sur des bois destinés à être dépensés en copeaux ou même rebutés par suite de vices reconnus à l'emploi. M. Clerc a été chargé de présenter cette demande.

Muni de vos instructions, votre Délégué a obtenu d'être admis devant la Commission des Douanes : il y a été accueilli avec bienveillance, et écouté avec toute l'attention que méritaient les objets dont il avait à entretenir les Membres de cette Commission. Les propositions présentées en votre nom ont été discutées avec lui, et avec des Délégués d'autres Chambres de Commerce , d'une manière assez étendue, pour prouver le désir sincère d'arriver à la connaissance de la vérité, de bien connaître ce que pouvaient réclamer les intérêts commerciaux.

Vous deviez espérer de connaître, peu de temps après la clôture de la session législative, l'accueil fait par la Commission à vos réclamations. En terminant ses travaux, la Chambre des Députés avait formellement décidé que le Rapport de cette Commission serait imprimé et distribué très prochainement à tous les Députés, ce qui, sans aucun doute, aurait amené sa publication dans le Moniteur. Cette décision n'a pas été exécutée. Il résulte des informations positives que vous avez obtenues que, le 7 Septembre, M. le

Rapporteur n'avait pas encore remis son Rapport à l'imprimerie. Je laisse à la Chambre des Députés à apprécier jusqu'à quel point ce procédé peut se concilier avec les égards auxquels elle est en droit de s'attendre de la part de ses Membres.

Droits
de Sortie

Dans votre dernière séance, sur le point de terminer les opérations dont je vous présente en ce moment l'exposé, vous avez voulu donner une dernière preuve de votre sollicitude pour les intérêts commerciaux. Dans la pensée que le Ministère s'occupe en ce moment de préparer les bases des projets de loi qui doivent être présentés aux Chambres dans la prochaine session, vous avez prié M. le Ministre du Commerce de proposer la suppression générale des droits de sortie. Vous avez représenté que ces droits, généralement peu élevés, ne produisent, d'après le Tableau général du Commerce, que des sommes tout-à-fait insignifiantes. Le Ministère s'étant décidé à retrancher du Tarif des droits d'entrée un grand nombre d'articles, dont le produit n'a aucune importance, la suppression des droits de sortie ne serait qu'un pas de plus dans la même voie, et elle aurait pour résultat de simplifier les opérations du Commerce, lors de l'expédition des navires. Nous devons espérer que ces considérations feront accueillir votre demande.

Plombs
de Douane

A l'occasion d'un mémoire publié par la Société Libre du Commerce et de l'Industrie de Rouen, une Chambre de Commerce d'un autre port avait provoqué une manifestation au sujet du plombage des marchandises par la Douane. La Chambre de Commerce du Havre n'était jamais restée étrangère aux réclamations dont cette formalité et les exigences fiscales qui l'accompagnent ont été l'objet; mais il est vrai que, depuis plusieurs années, elle n'avait pas renouvelé ses démarches. Vous avez répondu avec empressement à l'appel qui vous était fait, et vous avez adressé le 15 Février une lettre très pressante à MM. les Ministres des Finances et du Commerce. Après avoir fait remarquer tout ce qu'il y a d'illusoire dans la prétendue garantie d'identité que l'Administration croit trouver dans le plombage de certains colis, de sacs de Café par exemple, vous avez indiqué sommairement, ne voulant pas vous trouver entraînés à des détails trop étendus, quelques-uns des cas où le double plombage est une surcharge que rien ne peut justifier. Vous avez surtout insisté sur le prix exorbitant des plombs, sur l'inconséquence de faire payer, tantôt 25, tantôt 50 centimes, le même petit morceau de plomb et le même bout de ficelle, qui, dans aucun cas, ne coûtent réellement à l'Administration plus de 5 à 6 centimes. Enfin, vous avez fait ressortir avec beaucoup de force ce qu'il y a de complètement irrégulier dans l'emploi du produit des plombs à augmenter les traitements des agents de l'Administration de divers grades. Sans combattre en aucune manière la justice d'accorder à ces agents une augmentation de traitement, vous avez représenté que ce n'est pas au Commerce à supporter cette augmentation. Vous avez rappelé le soin avec lequel la Législation générale, et tout récemment encore, une loi sur les Juges de Paix, ont écarté toute occasion de mettre les fonctionnaires en rapport direct avec les contribuables pour la rémunération de leurs fonctions. En insistant pour que les augmentations de dépenses qu'une fixation plus équitable des traitements pourrait nécessiter soient portées au budget général de l'État, vous avez fait observer qu'à ce moyen le Commerce ne verrait plus dans les exigences des agents de la Douane que l'effet d'un zèle plus ou moins éclairé ; mais qu'il ne serait plus tenté de les attribuer à un intérêt personnel ; que la considération des employés eux-mêmes y gagnerait ; que leur position serait dégagée de tout embarras ; que le Commerce serait plus libre pour discuter la nécessité de l'apposition des plombs ; qu'enfin les Chambres de Commerce elles-mêmes traiteraient la question du prix avec plus d'indépendance lorsqu'elles sauraient que leurs réclamations n'atteindraient aucune existence personnelle.

5

Vous avez demandé :

1° Que le prix des plombs soit, dans tous les cas, réduit à 10 centimes, tout compris ;

2° Que les cas où le double plomb est exigé soient considérablement restreints ;

3° Que le produit des plombs soit versé intégralement au Trésor Public, sans aucune répartition aux divers agents de l'Administration, sauf à celle-ci à demander aux Chambres les crédits nécessaires pour remplacer intégralement les rétributions que ces agents reçoivent sur les plombs.

Je dois faire, au sujet du dernier article, une observation. Vous aviez signalé, dans votre lettre, l'irrégularité flagrante qui consistait dans l'absence de tout contrôle des Chambres Législatives sur le produit et l'emploi des taxes supportées par le Commerce pour les plombs. Des informations que j'ai obtenues depuis, et les recherches que j'ai faites au Bulletin des Lois, m'ont fait reconnaître que le produit des plombs, ainsi que la répartition qui en est faite, figurent chaque année dans les comptes soumis, tant à la Cour des Comptes qu'aux Chambres.

Des copies de cette lettre ont été envoyées à toutes les Chambres de Commerce en réclamant leur concours ; plusieurs d'entre elles ont manifesté leur adhésion à vos vues.

Ce n'est que très récemment que M. le Ministre du Commerce a répondu à votre lettre. Cette réponse se réfère à celle que M. le Ministre des Finances doit faire d'après l'examen auquel l'Administration des Douanes s'est livrée. M. le Ministre exprime son désir de voir alléger les charges qui pèsent sur le Commerce ; mais en même temps il mentionne les nécessités du service et les intérêts du Trésor. Il promet qu'il ne dépendra pas de lui que le point de conciliation entre les intérêts que cette question concerne ne soit trouvé. Cette réponse déjà ne permet guère de se flatter de quelque succès.

M. le Ministre des Finances n'a pas encore fait connaître le résultat de l'étude annoncée par son Collègue du Commerce : mais, d'après la manière dont M. le Directeur Général des Douanes s'est expliqué dans la séance du 15 juillet de la Chambre des Députés, il est facile de pressentir ce que sera cette réponse. M. le Directeur Général maintient et le prix des plombs, et l'emploi de leur produit : il ne laisse espérer aucune espèce d'amélioration. Vous déplorerez sans doute avec moi, Messieurs, cette persistance dans un système qui n'a cessé d'exciter les réclamations du Commerce. Ce n'est pas ici le lieu d'entrer dans la discussion des motifs sur lesquels M. le Directeur Général a basé le maintien de ce qui existe, l'occasion pourra s'en présenter ; mais il n'est aucune des raisons alléguées auxquelles il ne soit facile de répondre.

M. Clerc a entretenu de cette question la Commission de la Chambre des Députés. Il a été secondé dans sa réclamation par le Délégué de la Chambre de Commerce de Marseille. N'ayant pas le Rapport de cette Commission, nous ignorons quel succès il a pu obtenir.

Droits de Bassin à flot et non à flot

Vous avez aussi chargé M. Clerc de s'adresser à la même Commission pour obtenir le redressement d'un grief local. Dans la vue de créer des ressources pour l'achèvement des ports, le Gouvernement consulaire avait établi, indépendamment du droit de demi-tonnage à percevoir dans tous les ports, un droit de bassin à flot dans le port du Havre ; et plus tard, sous le Gouvernement impérial, un droit de bassin non à flot avait été créé : le produit de ces droits devait être spécialement affecté aux dépenses de réparation et d'entretien du port : mais cette affectation spéciale avait été supprimée au bout de quelques années, et ce produit avait été réuni aux revenus généraux de l'État. Lorsqu'un emprunt fut contracté en 1818 pour les travaux du port, ces droits furent affectés, avec tous les droits de navigation, à son remboursement. Ce premier emprunt ayant été remboursé, un nouvel emprunt fut reconnu nécessaire et autorisé en 1829. Les droits de navigation, y compris ceux de bassin à flot et non à flot, furent remplacés par un droit spécial de péage qui devait être perçu jusqu'à l'entier remboursement de ce second emprunt : ce remboursement s'est effectué au mois d'août 1846 ; et la perception du droit de péage ayant cessé, celle des droits de bassin à flot et non à flot a dû être rétablie. Dès le mois de juillet de l'année dernière La Chambre de Commerce, prévoyant la prochaine liquidation de l'emprunt, avait demandé la suppression du droit de bassin qui ne se perçoit qu'au Havre et à la Rochelle : il fut répondu que ce droit ayant été établi par des lois, c'était à l'Autorité législative seule qu'il appartenait d'en prononcer la suppression. D'après la manière bienveillante dont la réclamation avait été accueillie, il y avait lieu d'espérer que le projet de loi de Douanes contiendrait une disposition spéciale à ce sujet : cet espoir ne s'est pas réalisé ; vous avez écrit à la Commission des Douanes pour solliciter son intervention, et M. Clerc a présenté votre réclamation. Ici encore l'absence du Rapport de la Commission nous laisse dans l'ignorance du succès de cette démarche.

Législation
sur
les Céréales

Le jour même de votre installation, un de nos concitoyens les plus recommandables, M. De Launay, qui, dans toutes les occasions, a traité avec talent, et avec le zèle d'une ardente conviction, les questions d'économie politique, a appelé votre attention sur les dangers de la législation relative à l'importation des Céréales. Il a fait ressortir les vices du système de l'échelle mobile sur lequel repose cette législation. Vous avez chargé une Commission d'examiner cette importante question, et après quelques retards provenant en grande partie de causes personnelles à ses Membres, elle vous a présenté son Rapport dont les conclusions tendaient à la suppression de l'échelle mobile, et à son remplacement par un droit fixe. L'obligation où s'était trouvé le Gouvernement de proposer lui-même la suspension de la loi, était déjà une preuve évidente de son insuffisance dans les circonstances graves où l'on se trouvait alors. Vous avez écrit en conséquence à M. le Ministre du Commerce. Pour mieux faire comprendre votre réclamation, vous avez mis en regard ce qui serait arrivé sous le régime d'un droit fixe et ce qui n'avait pu manquer de se réaliser sous l'empire de la loi de 1832. Vous avez exposé que, dès les premières inquiétudes sur un déficit des récoltes en France, des négociants, sachant que, dans plusieurs pays étrangers, les blés étaient abondants et à bas prix, auraient voulu faire des achats au dehors. Les Blés ainsi achetés n'auraient couru, sous le régime d'un droit fixe, que les chances de perte ou de gain qui sont attachées à toute opération commerciale; mais sous le régime du droit mobile, il y aurait eu, dans le cas où les inquiétudes ne se seraient pas réalisées, à ajouter à la perte résultant du bas prix de la denrée, celle qui aurait été produite par l'élévation du droit. La prudence la plus commune devait interdire de pareilles spéculations. Il n'a été possible de songer à des achats au dehors que lorsque l'insuffisance de la récolte en France était notoire et ne laissait plus aucun doute sur le maintien d'un droit peu élevé; mais alors tous les détenteurs étrangers étaient avertis, et il a fallu payer beaucoup plus cher les approvisionnements nécessaires à la France. Ce n'était pas une simple hypothèse que vous présentiez à M. le Ministre, c'était l'exposé de faits bien connus; vous faisiez observer en même temps que l'élévation graduelle des droits d'entrée n'a pas pour l'agriculture l'importance de protection qu'on se plaît à lui attribuer. Toute augmentation au droit normal ne peut en effet exister qu'en conséquence d'un abaissement des prix, c'est-à-dire, lorsque, par la seule force des choses, nos marchés cessent d'encourager et d'attirer les importations du dehors; et, par une bizarrerie de la loi, la puissance de protection se trouve successivement accrue en raison inverse de sa nécessité. Vous avez aussi combattu la division des départements-frontières en zones dans

6

lesquelles le droit varie suivant les prix de certains marchés régulateurs; cette division, peu conforme au principe de l'égalité des charges, avait à vos yeux l'inconvénient de condamner certaines parties de la France à ne pouvoir recourir à l'étranger pour leur alimentation, que lorsque le froment est porté à un prix élevé, tandis que d'autres contrées jouissent de la faculté de se pourvoir partout où elles peuvent trouver du blé à bon marché. Vous avez en conséquence demandé :

La suppression de l'échelle mobile et son remplacement par un droit d'entrée fixe, permanent et uniforme pour toutes les frontières de terre et de mer;

La suppression de tout droit de sortie.

Une voix s'était élevée parmi vous pour demander que le chiffre du droit fixe à établir fût indiqué à M. le Ministre; des calculs vous avaient été présentés à cet effet, mais vous ne vous êtes pas jugés assez instruits de toutes les données du problème pour accueillir cette proposition.

Il m'est pénible d'avoir à faire remarquer que votre lettre, qui traitait une des questions les plus graves dont vous eussiez eu depuis longtemps à vous occuper, n'a reçu aucune espèce de réponse. Sans doute le Ministre ne peut entrer en discussion avec vous sur toutes les réclamations dont vous jugez à propos de l'entretenir, mais la haute importance de la question aurait paru mériter une exception au silence qui est habituellement gardé sur vos demandes.

Prorogation du délai pour la suspension des Lois sur les Céréales

Rien ne pouvait démontrer d'une manière plus complète les vices et l'insuffisance du système de la loi du 15 avril 1832, que l'obligation où s'est trouvé le Gouvernement d'en proposer la suspension temporaire à la première disette sérieuse qui se manifestait. Le terme du 31 juillet, auquel avait été d'abord fixée la durée de cette suspension, était évidemment beaucoup trop rapproché. Personne n'avait pu se flatter qu'à cette époque les circonstances qui avaient rendu la suspension indispensable, auraient cessé de se faire sentir. Une prorogation était inévitable; mais le Ministère, cédant à des considérations que je ne chercherai pas à apprécier, ne proposa qu'une prorogation de trois mois, finissant au 31 octobre. Ce terme si rapproché ne pouvait en aucune manière répondre au besoin des populations et du Commerce, et vous crûtes nécessaire d'intervenir. Vous écrivîtes à M. le Ministre du Commerce et à la Commission de la Chambre des Députés, chargée de l'examen du projet de loi. En regrettant le peu d'accueil qui avait été fait à votre demande de suppression de l'échelle mobile, vous reconnaissiez cependant qu'il pouvait être utile de renvoyer à des circonstances plus calmes l'examen d'une question si importante; mais il vous paraissait aussi que, la suspension ayant été prononcée, rien n'était plus convenable que d'en prolonger la durée pour se donner tout le loisir d'approfondir l'étude de la question. Vous représentiez aussi l'absence de tout approvisionnement de réserve en France, ce qui ne permettait pas d'espérer que dans le cours de l'année prochaine, les prix des grains dussent retomber au taux ordinaire. Vous faisiez sentir en même temps les inconvénients de la disposition du projet qui donnait au Gouvernement la faculté de prononcer une nouvelle prorogation. Vous demandâtes, en conséquence, que le terme de la prorogation fût porté au 31 juillet 1848, et que cette prorogation ne pût être établie que par une loi. Vous avez obtenu ce dernier point; mais quant au délai, il a été fixé au 31 janvier.

Transport
des Grains
par cabotage
sous
pavillon étranger

Une des mesures que le Gouvernement jugeait nécessaire d'adopter pour faciliter l'arrivée dans les ports de France, et particulièrement dans ceux de l'Océan et de la Manche, des approvisionnements nécessaires à la subsistance des populations, consistait à autoriser exceptionnellement les navires étrangers à effectuer les transports, des ports de la Méditerranée dans ceux de l'Océan, des grains, farines, légumes secs, etc. Un des Chefs d'Administration avait cherché confidentiellement à connaître votre opinion sur cette mesure. Vous aviez pensé qu'une autorisation générale pourrait avoir des inconvénients, mais qu'il pourrait être utile d'accorder des permissions spéciales lorsqu'il serait bien constaté qu'il n'existerait pas dans tel ou tel port de la Méditerranée de navires français, ou bien que le fret ne pourrait pas être obtenu au-dessous de 50 à 60 francs. Le 30 Janvier, votre Président recevait de M. le Sous-Préfet du Havre la communication d'une dépêche adressée par M. le Ministre du Commerce à M. le Préfet du Département le 26 Janvier, pour le consulter sur cette mesure, en l'invitant à entendre les Chambres de Commerce et les Administrateurs de la Marine et de la Douane, et à faire connaître si les bâtiments disponibles dans les ports du Département seraient assez nombreux et assez forts pour suffire aux transports dont il s'agissait. Votre Président s'empressa, en réclamant le concours de M. votre Vice-Président, d'appeler près de lui trois Courtiers de navires afin d'obtenir d'eux des éclaircissements sur la réponse à faire. Les renseignements très circonstanciés et parfaitement motivés qui furent donnés par MM. les Courtiers consultés produisirent la conviction pour nous que la rareté de navires dont on se plaignait à Marseille ne tenait qu'à des causes passagères, dont, dès le moment même l'influence avait déjà sensiblement diminué. Les voyages des ports de l'Ouest de la France, notamment de la Bretagne, qui font le cabotage de la Méditerranée, produisent en général un fret d'environ 40 francs par tonneau, dont 15 francs pour le voyage d'aller et 25 francs pour le retour. Les navires qui font cette navigation portent à Marseille des grains provenant des récoltes locales, et des charbons qu'ils vont prendre en Angleterre. La Bretagne n'ayant produit de blé que pour sa consommation, cet aliment de transport avait manqué, et le haut prix des assurances d'hiver avait empêché d'aller chercher des charbons en Angleterre. Ces deux causes avaient donc arrêté cette branche de cabotage, et les navires étaient restés désarmés : mais les avis sur la rareté des navires dans les ports de la Méditerranée avaient déjà fait reprendre les armements avec la perspective d'obtenir un fret suffisant pour couvrir les deux voyages, l'aller et le retour. Il y avait donc lieu de s'attendre à voir affluer vers la Méditerranée tous ces caboteurs. Une preuve que le besoin du concours du pavillon étranger n'était pas aussi vivement senti à Marseille qu'on le prétendait se trouvait dans ce fait que des demandes étaient venues de ce port pour des affrétements pour aller à Odessa chercher des grains et les porter à Marseille, ce qui pouvait se faire sous pavillon étranger.

L'autorisation pour les navires étrangers de faire le cabotage des grains devait avoir pour effet d'arrêter les armements qui se faisaient dans les ports de Bretagne, et de condamner ainsi à l'inactivité la navigation nationale.

Votre Président répondit à M. le Sous-Préfet le 31 Janvier, en lui faisant part des renseignements qu'il avait obtenus, et de l'opinion que déjà La Chambre avait été dans le cas de formuler: mais le 1er Février, avant que la réponse ait pu parvenir, ou au moins être prise en aucune considération, M. le Ministre du Commerce portait à la Chambre des Députés le projet de loi pour autoriser le cabotage des grains sous pavillon étranger : ainsi vous étiez consultés, Messieurs, sur une question sur laquelle déjà le parti était pris.

Mouture
des
Grains
en entrepôt

Dans le courant du mois de Septembre 1846, la Chambre de Commerce de Montpellier avait réclamé le concours de celle du Havre, afin d'obtenir des modifications dans les conditions imposées au Commerce pour user de la faculté de moudre les Blés étrangers, à la charge de réexporter les Farines en provenant. Les ordonnances qui ont réglé cette faculté ont prescrit des précautions pour constater que les Farines présentées à l'exportation sont bien réellement celles qui proviennent des Blés retirés de l'entrepôt. Le rendement des grains en farine est fixé d'une manière invariable. La Chambre de Commerce réclamait contre cette fixation et contre la rigueur des conditions d'identité ; elle demandait qu'à l'instar de ce qui se pratiquait en Angleterre, alors même que les droits sur les grains étrangers y étaient fort élevés, on se contentât de l'exportation d'une quantité de Farine correspondant à celle du Blé extrait de l'entrepôt, sans chercher minutieusement à s'assurer que cette Farine soit bien celle qui a été produite par le Blé étranger.

Une Commission avait été nommée pour l'examen de cette question : mais diverses circonstances avaient retardé le rapport. Lorsque ce rapport put être fait, il fut entièrement favorable à la demande de Montpellier : mais il paraissait difficile, dans un moment où toute l'attention était portée sur les moyens d'assurer les approvisionnements de la France, de s'occuper d'une demande relative à des farines destinées à l'exportation. La démarche à faire auprès du Ministre fut en conséquence ajournée. La Chambre de Commerce de Montpellier, informée de cet ajournement, présenta quelques observations à ce sujet. La Chambre de Commerce de Marseille vous avait communiqué un mémoire qu'elle avait adressé au Ministre sur la législation des grains, et dans lequel elle avait aussi fait mention de la question de la mouture en entrepôt. Vous n'hésitâtes plus à adresser au Ministre du Commerce une lettre pour demander la suppression des conditions d'identité des farines, l'admission à la mouture en entrepôt des blés durs, et la réduction du rendement à 75 p. %, au lieu de 78.

Dock-Entrepôt

L'établissement d'un Dock-Entrepôt, en exécution de la loi du 5 août 1844, avait précédemment donné lieu à plusieurs délibérations

de la Chambre de Commerce. Dans le cours de l'année dont je vous
rends compte en ce moment , vous avez été d'abord appelés à prendre connaissance du cahier de charges rédigé pour cette entreprise
par M. l'Ingénieur en chef des Ponts-et-Chaussées, et qui vous avait
été transmis par M. le Ministre du Commerce avec des observations.
La Commission que vous avez chargée de l'examen de cette affaire a
dû recevoir aussi les explications de MM. les représentants de la
Compagnie qui s'était formée pour la création de cet important établissement.

D'après le rapport de cette Commission , vous avez adopté la
rédaction du cahier d'observations qui a été adressé à M. le Ministre :
ces observations tendaient, en général, à appuyer les modifications
demandées par la Compagnie : elles indiquaient quelques autres modifications.

D'après le petit nombre et le peu d'importance des divergences
qui existaient encore entre les vues de l'Administration et celles de la
Compagnie, il semblait que cette affaire fût en état de recevoir une
prompte solution : il n'en a pas été ainsi ; c'est le 21 Décembre 1846
que vous avez adressé votre réponse à M. le Ministre du Commerce
et, par suite de la déplorable lenteur qui préside à toutes les affaires
administratives en France , ce n'est que le 20 Août que vous venez
d'avoir de nouveau à vous occuper de cette affaire. M. le Sous-Préfet
vous a transmis un cahier de modifications indiquées par le Conseil-
Général des Ponts-et-Chaussées au travail primitif de M. l'Ingénieur
en chef. Il serait tout-à-fait prématuré d'exprimer ici une opinion
sur ces modifications ; je dois laisser ce soin à la Commission à laquelle vous en avez confié l'examen : elle s'est déjà livrée à l'étude
dont elle est chargée. Vous aurez, dans cette séance , à pourvoir au
remplacement de deux de ses Membres qui vont cesser de siéger
parmi nous.

Le résultat du retard qu'a éprouvé cette affaire a été de laisser
écouler le terme que les Souscripteurs de l'acte de Société avaient

fixé pour la durée de leur engagement, en sorte que la Compagnie n'existe réellement plus. Sera-t-il possible de la reformer plus tard ? c'est sur quoi je dois m'abstenir d'émettre aucune conjecture.

Escompte
des Droits
de Douane

Des circulaires de l'Administration des Douanes, publiées au commencement de cette année, annoncèrent au Commerce que, par des arrêtés du Ministre des Finances, l'escompte des droits de Douane serait réduit, à partir du 1er juillet, à 5 p. % ; celui des droits sur le sel à 4 p. % ; qu'enfin le crédit des droits sur le plomb destiné à la fabrication de la céruse et de quelques autres produits serait réduit de six mois à quatre mois. La réduction de l'escompte des droits, adoptée au même moment où la Banque de France élevait le sien, causa une surprise générale : elle devait avoir pour effet d'annuler en quelque sorte la faculté d'escompter les droits accordée en 1831. Le souvenir des dangers des obligations cautionnées qui étaient en usage avant la concession de cette faculté, des pertes qui en étaient résultées, n'était pas encore perdu, et vous vous empressâtes de réclamer avec force contre cette réduction en ce qui concernait les droits de Douane. Plus tard, répondant à l'appel de la Chambre de Commerce de Nantes, vous portâtes aussi votre réclamation sur la réduction concernant les droits sur les sels et sur celle du terme de crédit pour les plombs.

Ces réclamations à l'égard des droits de Douane et de ceux des Sels ont été accueillies, et une nouvelle circulaire a annoncé un sursis à l'exécution des arrêtés du 28 Décembre 1846.

Bassin
de
la Floride

Ayant appris que M. le Ministre de la Marine était disposé à traiter avec une maison de cette ville, relativement à l'emploi, pour l'établissement de paquebots transatlantiques sur la ligne de New-York, des grands bâtiments à vapeur construits en exécution de la loi du 16 Juillet 1840, vous dûtes vous préoccuper de l'impossibilité, dans l'état du port, d'y faire entrer ces bâtiments, d'où devait nécessairement résulter l'obligation de placer ailleurs, au grand préjudice, non seulement du Havre, mais aussi du Commerce, des intérêts généraux et de l'Entreprise elle-même, la ligne de New-York. Vous vous adressâtes à M. l'Ingénieur en chef pour appeler son attention sur l'éventualité du traité dont il s'agissait, et sur la nécessité, dans le cas où ce traité viendrait à se réaliser, de mettre au moins provisoirement le bassin de la Floride en état de recevoir les grands paquebots, et sur celle d'effectuer dans le chenal et l'avant-port les draguages indispensables, afin de permettre à ces bâtiments d'accéder à ce même bassin.

M. l'Ingénieur en chef voulut bien vous répondre que, si le bassin de la Floride devait s'achever dans la forme qui lui est assignée par les plans adoptés, il devrait s'écouler au moins deux ans avant qu'il devînt possible de le mettre à la disposition du Commerce; mais, qu'en restreignant provisoirement l'étendue de ce bassin de manière à y donner place à deux bâtiments à vapeur, dont un seul pourrait faire des opérations de chargement et de déchargement, le port pourrait être ouvert aux paquebots transatlantiques vers le mois de Juin ou de Juillet de cette année. Il s'occupait, d'après votre lettre, de préparer les propositions qu'il aurait à soumettre à ce sujet à l'Administration.

Le traité dont il était alors question a eu lieu, et a été sanctionné par la loi du 25 avril dernier; mais les espérances conçues par M. l'Ingénieur en chef concernant l'époque à laquelle pourraient être terminés les travaux pour mettre le bassin de la Floride provisoirement en état de recevoir les paquebots, ne se sont pas réalisées, et les départs ont lieu de Cherbourg. La décision sur les matériaux à employer pour la construction des portes s'est fait attendre; puis, quand il a été décidé qu'elles seraient faites en bois, ce n'est qu'avec de grandes difficultés qu'on a pu réunir les pièces de dimension nécessaire pour ces portes dont l'ouverture est de 21 mètres. Ces difficultés ont heureusement été aplanies; les travaux sont sur le point d'être terminés, et il y a tout lieu d'espérer que, le 15 de ce mois, le paquebot pourra entrer dans le bassin, et que Le Havre se trouvera alors en possession complète de la ligne importante de correspondances transatlantiques que la loi du 25 Avril a eu pour objet de lui assurer.

Vous avez voulu concourir, en ce qui dépend de vous, à faciliter les mouvements d'entrée et de sortie de ces grands paquebots. Les fonds mis à la disposition de la Chambre de Commerce, et provenant du droit de sauvetage établi au port du Havre en 1807, ont constamment été appliqués par elle à toutes les améliorations qui tendent à secourir les navires à leur entrée dans notre port et à leur sortie; déjà, par ses soins, des cabestans avaient été établis sur divers points des quais de l'avant-port.

MM. les Ingénieurs vous ont fait connaître la nécessité, pour prévenir toute possibilité d'accidents à l'entrée et à la sortie des paquebots, d'établir des cabestans d'une force proportionnée à celle de ces bâtiments. Vous avez pensé qu'il ne pouvait y avoir un emploi plus utile des fonds dont l'administration vous est confiée, et vous vous êtes chargés avec empressement de cette dépense. Les cabestans s'établissent : ils seront, au moment du besoin, munis de câbles et d'amarres dont la force répondra au service qu'on en attend. Il a fallu, pour placer ces nouveaux cabestans, déplacer ceux qui avaient été précédemment établis; mais ceux-ci ne cesseront pas, pour cela, d'être utilement employés; deux d'entre eux, sont déjà reportés sur d'autres points, et contribueront ainsi à compléter l'ensemble des moyens de secours que La Chambre a toujours eu à cœur d'offrir à la navigation.

Fortifications
du Havre

Dans le cours de la session législative de 1846, deux projets de loi avaient été présentés à la Chambre des Députés, l'un par M. le Ministre de la Guerre, pour demander des allocations de 21,500,000 francs, pour les fortifications du Havre, l'autre par M. le Ministre des Travaux publics pour demander l'affectation d'une somme de 16,000,000 à la construction des bases de quatre forts au port du Havre et à l'amélioration de l'entrée de ce port. Ces deux projets, renvoyés à une même Commission, ont été l'objet d'un premier rapport et d'un rapport supplémentaire. Le projet relatif aux bases des quatre forts sur la rade n'a donné lieu à aucune objection. Celui qui concernait l'ensemble des fortifications avait aussi été adopté sans difficulté par la Commission qui avait même reconnu, après avoir eu connaissance des projets de détail et des états estimatifs, la nécessité de porter l'allocation à 24 millions. Par son Rapport supplémentaire, la Commission a complètement modifié ses premières propositions. En donnant beaucoup plus d'importance, que ne le faisait le premier projet, à l'enceinte continue du côté de la terre, elle proposait la suppression du front nord de l'enceinte actuelle, ce qui permettrait de réunir à la ville du Havre une portion des communes d'Ingouville, de Graville et de Sanvic; mais comme cette proposition avait besoin d'être étudiée, elle ne faisait que l'indiquer. Elle bornait donc les allocations à 9,390,000 francs pour les seuls travaux qui, dans tout état de choses, devaient être exécutés, et elle demandait la présentation à la session suivante d'un projet de loi destiné à compléter la défense de la place du Havre du côté de terre.

La session de 1846 se termina sans que ce Rapport ait pu être discuté, et l'on devait espérer que le projet de loi serait présenté de nouveau dans la session qui vient de se terminer; mais dès le début de cette session, le vote de l'Adresse faisait assez pressentir combien la Chambre des Députés serait peu disposée à accueillir des propositions de défenses dont l'*urgente nécessité* ne serait pas démontrée, et le Gouvernement n'a pas cru devoir s'exposer au rejet d'une proposition relative à la défense du Havre.

S'il ne s'agissait que des fortifications du côté de la terre, La Chambre de Commerce n'aurait aucune observation à présenter sur l'ajournement de la question : mais elle ne peut pas être indifférente au retard qu'éprouve la décision en ce qui concerne la défense de la rade. L'établissement des forts destinés à mettre de ce côté la ville à l'abri de toute attaque, à permettre aux navires de stationner en sécurité sur la rade, intéresse trop directement le Commerce et la Navigation pour ne pas avoir été l'objet des préoccupations de plusieurs d'entre vous. Le temps extrêmement long qu'exigera la construction des forts; la possibilité que, pendant l'intervalle de quelques années qui devra nécessairement s'écouler avant que le système de défense soit achevé sur ce point, les relations pacifiques entre la France et l'Angleterre soient troublées, ne peuvent manquer de frapper tous les esprits, et de faire considérer le retard d'une décision sur un objet d'une si haute importance comme une véritable calamité.

Cette réflexion a quelquefois été présentée dans vos séances ; mais le sentiment des difficultés financières sous lesquelles de pénibles circonstances ont placé la France, n'a permis de faire aucune proposition formelle tendant à obtenir la présentation du projet dans le cours de la session qui vient de finir.

L'honorable député du Havre, M. Dubois, voyant la session s'écouler sans que le Ministère parût disposé à rompre le silence sur cette question, a pensé qu'il serait au moins utile que les trois municipalités intéressées et la Chambre de Commerce pussent s'entendre pour faire auprès du Gouvernement une démarche collective afin d'obtenir pour la session prochaine un engagement solennel du Président du Conseil et des Ministres compétents. Il vous a écrit en ce sens, ainsi qu'à MM. les Maires. Vous ne pouviez hésiter à exprimer votre bonne volonté à vous adjoindre à une pareille démarche. Votre Président a fait connaître à un de MM. les Maires vos dispositions à cet égard : mais cette idée n'a pas eu d'autre suite.

M. Dubois n'a cependant pas abandonné la question, et dans la séance du 10 Juillet, il a obtenu de M. le Ministre de la Guerre la promesse formelle qu'un projet de loi sera présenté à la session prochaine. Cette promesse, M. le Ministre l'a renouvelée à la Chambre des Pairs. D'après une communication adressée, il y a deux jours par M. le Maire au *Journal du Havre*, M. Dubois vient d'obtenir la confirmation de cette promesse ; nous devons donc espérer que la session de 1848 ne se terminera pas sans qu'une décision ne vienne faire cesser les incertitudes dans lesquelles on est resté jusqu'à ce moment, et que nous ne tarderons plus alors à voir commencer des travaux auxquels se rattachent d'aussi immenses intérêts.

Emploi des terrains à provenir de la démolition des Fortifications du front Nord de la Place

La proposition faite par la Commission de la Chambre des Députés de supprimer une grande partie des fortifications qui séparent notre ville des communes voisines, et qui retiennent notre population dans une enceinte si resserrée, devait avoir pour effet, si elle était adoptée, de rendre disponible une étendue considérable de terrains. L'idée d'employer une portion de ces terrains à des établissements publics, devait naturellement se présenter. Le Conseil municipal du Havre nomma une Commission pour examiner les propositions qu'il pourrait y avoir à faire à cet égard, et la nomination d'une Commission pour le même objet fut presque aussitôt proposée à La Chambre de Commerce ; mais comme l'époque du renouvellement annuel approchait, cette nomination fut ajournée. Dans votre séance d'installation, après avoir pourvu à la réorganisation d'une Commission permanente, chargée de toutes les questions qui se rattachent à la marche des travaux d'amélioration de notre port, vous avez décidé que cette Commission aurait aussi à examiner les propositions relatives à l'emploi des terrains à provenir des fortifications, dans le cas de leur suppression. D'un autre côté, M. le Maire du Havre, prévenu officiellement de l'approbation donnée par M. le Ministre de la Guerre aux modifications introduites par la Commission de la Chambre des Députés dans le projet de loi relatif aux fortifications du Havre et de la possibilité de disposer des terrains occupés par le front nord, avait été invité à faire préparer un plan de distribution de ces terrains en réservant toutes les parties qui pourraient recevoir une destination utile aux divers services de l'État. La Commission du Conseil municipal se trouvant ainsi saisie de cette question par l'Autorité même, s'est mise en rapport avec M. l'Ingénieur en chef du port et en a obtenu la communication d'un projet présenté de concert entre MM. les Officiers du Génie militaire et MM. les Ingénieurs des Ponts-et-Chaussées. Elle a donné son entière adhésion à ce plan, et a proposé de désigner certains emplacements pour des établissements municipaux, commerciaux, religieux et d'instruction, notamment pour une Bourse, un Tribunal de Commerce et une Chambre de Commerce. Votre Président, ayant reçu de M. le Sous-Préfet une communication officieuse, personnelle en quelque sorte, du Rapport de la Commission municipale, s'est empressé de réunir votre Commission et de lui soumettre ce travail, ainsi que le plan dont il était accompagné ; mais voyant que le Conseil municipal avait été officiellement mis à portée de s'occuper de cette question, votre Commission, sans contester l'intérêt municipal qui s'y attachait, n'a pu s'empêcher de faire remarquer que des intérêts commerciaux fort importants se trouvaient également en jeu ; et elle devait faire cette remarque d'autant plus que la Commission municipale avait elle-même compris dans son travail les établissements nécessaires au Commerce ; et que, tout en sachant gré à cette Commission de la sollicitude qu'elle avait montrée à cet égard, La Chambre de Commerce ne pouvait pas demeurer étrangère à l'étude de questions susceptibles d'être envisagées sous divers aspects, dont la solution devait avoir des conséquences d'une étendue difficile à prévoir, et dont l'examen exigeait dès-lors l'attention la plus scrupuleuse, ainsi que le concours de tous les intérêts. Une lettre a en conséquence été écrite à M. le

Sous-Préfet, afin d'obtenir que La Chambre de Commerce fût officiellement appelée à examiner les mêmes questions et à exprimer son avis à leur égard.

Après en avoir référé à M. le Préfet, M. le Sous-Préfet a invité La Chambre à faire connaître aussi son avis. La Chambre, se trouvant ainsi officiellement saisie de la question, l'a renvoyée devant la Commission. En réservant à un examen ultérieur, qui ne pourra être fait utilement qu'à une époque rapprochée de l'exécution du plan, les questions relatives à la désignation des emplacements destinés aux divers établissements publics, votre Commission a donné son approbation au plan de MM. les Ingénieurs. Elle a saisi cette occasion pour insister très fortement sur la nécessité de s'occuper sans perte de temps des fortifications de la rade. Ses conclusions ont été adoptées, et votre délibération a été envoyée à M. le Sous-Préfet, en le priant d'appeler très particulièrement l'attention de MM. les Ministres sur les réflexions contenues dans le rapport concernant l'urgence des fortifications de la rade.

Boulevard
de la porte
Marie-Thérèse

La Chambre de Commerce avait toujours donné un appui particulier aux demandes présentées au Gouvernement pour l'ouverture d'une porte vis-à-vis de la rue Marie-Thérèse ; elle avait été vivement frappée des inconvénients qui ne pouvaient manquer de résulter de l'accroissement de la circulation par la porte Royale lorsque le chemin de fer serait ouvert. La nécessité d'une nouvelle issue de ce côté lui paraissait évidente. Les réclamations ont été accueillies par le Gouvernement : la porte a été ouverte et livrée à la circulation dans le courant de l'année dernière ; mais aussitôt une nouvelle difficulté s'est présentée : la communication entre cette nouvelle porte et le Cours-Napoléon était impossible. Un projet pour l'établissement d'un boulevard destiné à procurer cette communication a été rédigé ; les Conseils municipaux ont été appelés à émettre leur avis : ils ont consenti à des sacrifices pour faciliter l'exécution de ce projet. Il était nécessaire d'obtenir le concours du Département de la Guerre, une partie du terrain militaire devant être employée pour ce boulevard. On était informé que les difficultés de ce côté étaient aplanies, et cependant les choses restaient toujours au même état. Dans le cours de vos séances, des réflexions sur les retards de la décision si impatiemment attendue avaient été émises à plusieurs reprises. M. le Préfet du département étant venu au Havre, dans le mois de Juin, M. votre Vice-Président, en l'absence de votre Président, l'a entretenu de cette question, lui a adressé de pressantes représentations sur la nécessité d'une solution : M. le Préfet a compris tout l'intérêt de cette question ; il s'est lui-même rendu sur les lieux et a promis de faire ce qui dépendrait de lui pour faire accélérer la décision. Dans le cours de sa conversation, M. le Vice-Président a eu quelque connaissance d'un rapport qui avait dû être fait au Conseil-Général des Ponts-et-Chaussées, et qui paraissait devoir avoir pour résultat de rendre la solution moins facile. Il s'est empressé dans votre première réunion, de vous faire part de sa visite à M. le Préfet, de l'entretien qu'il avait eu avec ce magistrat, et de tout ce qu'il avait appris à cette occasion. Cet exposé a dû faire une très grande impression sur vos esprits. Vous n'avez pu envisager sans un véritable effroi les dangers de la prolongation de l'état actuel des choses. La porte Royale est en ce moment la seule voie de communication entre l'intérieur de la ville et le chemin de fer,

bassin Vauban et les nombreux et importants établissements industriels qui couvrent la plaine de Graville, entre le cours Napoléon et le bassin Vauban. La circulation par cette porte est immense, et il faut passer sur trois ponts dont deux sont des ponts-levis. Il y a donc des difficultés sans cesse renouvelées : mais que serait-ce si un accident à un de ces ponts venait à obliger d'interdire momentanément le passage par cette unique issue? Dans quel inexprimable embarras le Commerce ne se trouverait-il pas plongé si un événement de ce genre arrivait ? Vous avez été vivement émus de ce danger, et vous avez regardé comme un devoir de mettre toute votre énergie à obtenir la décision relative à la communication de la porte Marie-Thérèse qui deviendra la voie la plus directe pour le débarcadère du chemin de fer, et qui viendra dans tous les cas efficacement au secours de l'autre porte. Vous vous êtes empressés d'écrire d'abord à M. le Préfet, avant son départ du Havre, pour lui renouveler par écrit les représentations que votre Vice-Président lui avait adressées. Vous avez écrit à MM. les Ministres des Travaux publics et de la Guerre pour réclamer avec instance la solution la plus prompte de cette affaire en ce qui concernait leurs départements respectifs. Vous avez même invoqué le concours de M. le Ministre du Commerce à cause de l'intérêt commercial si fortement engagé dans la question.

Il vous a été répondu que le Conseil Général des Ponts-et-Chaussées avait délibéré sur cette question, que l'affaire devait être renvoyée à la Commission mixte des Travaux publics. M. le Préfet vous a informés que le dossier lui était renvoyé par M. le Ministre de l'Intérieur, et qu'il venait de l'adresser à M. le Sous-Préfet. L'affaire est en effet revenue au Havre, et les Conseils municipaux des trois communes intéressées ont reçu communication de l'avis du Conseil Général des Ponts-et-Chaussées ; mais ils ont vu avec surprise que ce Conseil avait donné la préférence à un tracé, plus direct peut-être, mais devant entraîner des expropriations beaucoup plus considérables et une très forte augmentation de dépenses. Ils n'ont pu que protester fortement contre cette modification du projet en faveur duquel ils avaient consenti à des sacrifices, et déclarer qu'en tout cas ils n'ajouteraient rien aux chiffres du concours qu'ils avaient promis.

Informés de toutes ces circonstances, vous avez pensé, Messieurs, que, dans une affaire comme celle-là, lorsqu'il s'agissait d'obtenir une décision à laquelle devaient concourir les Ministères des Travaux Publics, de la Guerre et de l'Intérieur, il était indispensable que des Délégués spéciaux se rendissent à Paris pour donner partout où besoin serait, les explications nécessaires, pour accélérer par leurs démarches les renvois d'un Ministère à l'autre et les décisions partielles dans chaque Ministère. L'initiative d'une pareille délégation ne pouvait être prise que par l'autorité Municipale, mais vous vous y seriez associés avec empressement. Vous avez communiqué vos vues à ce sujet à M. le Maire du Havre. Une lettre qu'il venait de recevoir de M. Dubois lui ayant fait espérer que la décision interviendrait très prochainement, il n'a pas cru nécessaire de donner suite à votre proposition. Voyant au bout de quelque temps que les espérances données par M. Dubois ne se réalisaient pas, vous avez de nouveau insisté auprès de M. le Maire sur la nécessité d'une délégation spéciale. Ayant appris que le Conseil Général des Ponts-et-Chaussées se trouvait de nouveau appelé à délibérer sur la question d'après l'opposition manifestée par les Conseils Municipaux, M. le Maire a pensé qu'il convenait d'attendre l'issue de cette nouvelle délibération avant de faire d'autres démarches.

M. le Sous-Préfet ayant eu occasion d'aller à Paris, a bien voulu se charger des démarches qu'auraient faites des Délégués spéciaux. Il a notamment entretenu de cette affaire M. le Rapporteur du Conseil Général des Ponts-et-Chaussées, et l'a mis à portée de bien apprécier la véritable situation des choses. M. le Maire, d'après des informations qu'il a reçues de M. Dubois, vous a fait connaître que le Conseil Général, sur un nouveau rapport qui lui a été fait, est revenu sur sa première délibération, et a adopté le tracé en faveur duquel les Conseils municipaux s'étaient prononcés. L'affaire est donc renvoyée de nouveau à M. le Ministre de la Guerre, et devra être soumise une seconde fois à la Commission mixte des Travaux publics. Malheureusement, l'absence pour des causes de service public, de plusieurs membres de cette Commission, ainsi que de ceux du Comité des Fortifications, entraîne un retard forcé.

M. le Maire vous promet de faire surveiller cette affaire. Une délégation spéciale serait, dans la situation actuelle des choses, tout-à-fait sans résultat possible ; il faut donc, quelque regret que nous en éprouvions, attendre l'effet des démarches ultérieures de M. le Maire et de M. le Député du Havre.

Comblement d'une partie du canal Vauban

Des propriétaires riverains du canal Vauban, ou canal d'Harfleur, avaient demandé le comblement d'une partie de ce canal sur une longueur d'environ 500 mètres ; ils offraient de pourvoir aux frais d'un aqueduc destiné à remplacer ce canal comme moyen d'écoulement des eaux de la plaine de Graville. Une large voie de communication avec plantation d'arbres aurait été établie sur le terrain ainsi comblé. Un rapport de M. l'Ingénieur ordinaire et un autre de M. l'Ingénieur en chef des Ponts-et-Chaussées avaient été favorables à cette demande. Leurs motifs étaient ceux-ci :

1° Le canal Vauban ne servant aujourd'hui qu'à l'écoulement des eaux pluviales de la plaine de Graville, l'Etat n'a absolument aucun intérêt à le conserver dans son état actuel.

2° Si un jour, malgré le développement qu'atteindra le port du Havre lorsque le projet adopté par la loi du 5 août 1844 sera complètement exécuté, on arrivait à reconnaître qu'il y a nécessité de lui donner une nouvelle extension, on ne pourrait s'arrêter à l'idée de créer de nouveaux bassins dans le canal à la suite du bassin Vauban, d'une part, à cause de l'étendue démesurée que l'on donnerait au port, et de l'autre, à cause des indemnités considérables qu'il y aurait lieu de payer.

3° Jamais le canal ne pourra devenir une voie navigable entre les ports du Havre et d'Harfleur.

4° S'il y avait un moyen de l'utiliser, ce serait de le faire servir à l'approvisionnement des usines qui se créeront le long du canal; mais alors son appropriation à cet usage ne pourrait avoir lieu qu'aux frais d'une compagnie, et il est évident que la dépense sera à jamais un obstacle à ce que l'on trouve à le concéder pour cet objet.

Dans tous les cas il est facile de remplacer le canal par une voie ferrée qui mettrait les usines en communication avec le bassin Vauban.

5° Enfin, quoi que l'on puisse faire, le canal, qui n'a jamais été, et n'est encore qu'une voie d'écoulement pour les eaux pluviales et ménagères de la plaine de Graville, sera toujours aux abords du bassin Vauban un foyer d'insalubrité pour les quartiers qui se créent dans son voisinage.

M. l'Ingénieur en chef proposait de faire mettre le projet aux enquêtes.

L'enquête a eu lieu ; la Commission d'enquête, à la majorité d'une voix, a repoussé le projet.

La Chambre de Commerce, appelée à son tour à émettre un avis, a chargé une Commission d'examiner la question ; cette Commission, maintenue par vous dans votre séance d'installation, vous a fait son Rapport peu de jours après. Elle a représenté que, lorsque d'immenses travaux signalent les préoccupations de l'Administration supérieure dans l'intérêt de la défense et de l'avenir commercial du port du Havre, il n'est pas permis de croire que le canal d'Harfleur reste longtemps exclu des prévisions des Ponts-et-Chaussées, et qu'il ne soit pas statué, dans un bref délai, sur son sort, soit en lui assignant une destination utile, soit en le supprimant tout-à-fait, qu'il devient urgent de prendre un parti, attendu que la plaine se meuble de maisons d'habitation, de fabriques et d'usines plus ou moins importantes ; que jusqu'à présent, le public est accoutumé à respecter ce nom de canal d'Harfleur et à croire qu'il sera justifié un jour au profit d'une navigation quelconque, grande ou petite, qu'encore en dernier lieu l'amorce d'écluse pratiquée à l'extrémité du bassin Vauban a paru confirmer cette prévision. En tenant compte des considérations présentées par

MM. les Ingénieurs pour établir que le canal ne peut plus rendre de services réels à la navigation, elle faisait observer que la décision qui interviendrait aujourd'hui conformément au vœu des pétitionnaires amènerait d'une manière indirecte et incidente la solution de la question. Combler en effet 500 mètres du canal équivaudrait, par ses conséquences pour la navigation, au comblement du canal tout entier.

Votre Commission aurait regretté que l'on procédât ainsi; qu'il fût pris une détermination importante pour toute cette localité à l'occasion d'une demande d'intérêt secondaire et privé. Elle a donc pensé qu'il convenait d'ajourner la décision à prendre sur la demande qui vous était soumise jusqu'à ce que la question principale eût reçu une solution, et qu'il eût été décidé si la sortie en Seine empruntera ou non la totalité ou une portion du canal; mais en même temps, et provisoirement, elle demandait qu'il fût pourvu aux besoins urgents des propriétaires riverains, c'est-à-dire que le bon écoulement des eaux les affranchît entièrement des exhalaisons et des inconvénients auxquels ils se trouvaient encore exposés; que la viabilité des bords du canal ne laissât rien à désirer, et qu'enfin, si l'espace dont le comblement était demandé devait rester ouvert, son aspect cessât d'affliger les regards, et que la rigole d'écoulement des eaux reçût de la main des Ingénieurs cette régularité et cette apparence de soins qui distinguent les travaux des Ponts-et-Chaussées.

Vous avez donné une entière adhésion aux vues de votre Commission dont le rapport inséré dans votre délibération a été adressé à M. le Sous-Préfet.

Une lettre récente de ce Magistrat vient de vous saisir de nouveau de cette question. MM. les Ingénieurs l'ont examinée au point de vue d'intérêt général que vous aviez signalé. Le Conseil municipal de Graville-l'Eure a pris une nouvelle délibération.

Vous aurez dans cette séance même à désigner la Commission qui devra examiner cette affaire.

Demande
en faveur
Compagnies
transports
par eau
du
… à Rouen
… à Paris

L'ouverture du Chemin de Fer de Rouen au Havre a été un événement d'une haute importance ; les nouveaux moyens de transport assurés au Commerce ont dû attirer votre attention au plus haut degré. Si chacun de vous a pu individuellement applaudir à cette amélioration, vous n'avez eu, comme Chambre de Commerce, aucune occasion de vous prononcer à cet égard ; et vous vous êtes trouvés au contraire dans le cas de combattre les dispositions envahissantes de l'administration de cette vaste entreprise. Déjà la Chambre de Commerce avait adressé aux Ministres compétents de pressantes mais inutiles réclamations contre les changements introduits par l'administration du Chemin de Fer de Paris à Rouen dans les Tarifs de ses prix de transport des marchandises, changements qui bouleversaient entièrement les classifications établies par le cahier des charges soumis à l'approbation des Chambres législatives, et dont le but non déguisé était de ruiner les entreprises de transports par la Seine, d'écarter ainsi leur concurrence. Si ce but avait pu être atteint, le Commerce aurait été livré à l'arbitraire d'une seule Compagnie, qui, maîtresse de tous les transports, aurait pu à son gré relever ses prix et faire subir aux expéditeurs les lois les plus dures. Il était du devoir de la Chambre de Commerce de faire tout ce qui pouvait dépendre d'elle pour empêcher qu'un semblable résultat ne pût se réaliser : elle a dû en conséquence donner tout appui aux réclamations des entreprises de navigation fluviale ; elle a dû particulièrement insister pour que les conditions qui ne dépendaient que de la volonté des hommes, des exigences de la loi, devinssent autant que possible égales entre les deux entreprises rivales, que chacune n'eût à lutter que contre les obstacles inhérents au mode de transport lui-même qu'elle employait.

Les Directeurs des compagnies de transports sur la Seine vous ont adressé les copies de réclamations qu'ils présentaient à M. le Ministre des Finances pour lui demander :

1° La suppression du plombage des cotons acquittés chargés sur le pont des chalans ou bateaux allant du Havre à Rouen ;

2° L'exemption du paiement des droits de douane sur les marchandises qui, expédiées de l'entrepôt du Havre sur celui de Paris, et par conséquent sous le régime de l'entrepôt, seraient perdus dans le trajet sur la Seine par suite de naufrage ou d'accidents de navigation. L'obligation où se trouvent, dans ce cas, les propriétaires de la marchandise d'acquitter les droits, les met dans la nécessité de comprendre dans leur assurance la valeur de ces droits, ce qui, pour des sucres, des cafés, par exemple, double le montant de la somme à assurer, de la prime à payer, et impose ainsi à la navigation fluviale une charge fort onéreuse, dont le Chemin de Fer est complètement exempt.

Messieurs les Directeurs s'adressaient en même temps à M. le Ministre de la Marine afin d'obtenir des facilités pour la formation de leurs rôles d'équipage de manière à se trouver dispensés de payer de fréquents désarmements.

Ils vous priaient, Messieurs, d'appuyer leurs réclamations auprès des deux Ministres.

Vous vous êtes empressés d'accueillir cette demande.

Déjà, précédemment, La Chambre de Commerce avait demandé à M. le Ministre des Finances l'exemption du plombage pour les cotons chargés sur le pont des chalans et bateaux. Elle avait représenté la complète inutilité de cette mesure comme garantie de l'identité des cotons, attendu toutes les impossibilités qui s'opposaient à la moindre substitution dans le trajet du Havre à Rouen. Elle n'avait alors pu faire goûter ces raisons à l'Administration des Douanes, et la demande avait été rejetée. La circonstance d'un adoucissement à obtenir en faveur des transports par eau dans leur lutte de concurrence avec le Chemin de Fer permettait de présenter de nouveau cette demande avec quelque espoir de succès, et cet espoir s'est réalisé.

Quant à la demande relative à l'exemption des droits de douane sur les marchandises naufragées dans la Seine, en vous décidant à l'appuyer, vous ne pouviez vous dissimuler les difficultés que son admission devait rencontrer. Vous avez cependant indiqué à M. le Ministre des Finances les mesures qui vous paraissaient propres à garantir les intérêts du trésor contre les abus ; mais, ainsi qu'il y avait tout lieu de le craindre, cette demande a été rejetée. En vous faisant connaître que les cotons chargés sur le pont des chalans et bateaux seraient affranchis du plombage, M. le Ministre des Finances vous a fait observer que les expéditions de l'entrepôt du Havre sur l'entrepôt de Paris ont lieu sous les conditions du transit, et que, d'après l'article 8 de la loi du 17 Décembre 1814, le transit est entièrement aux risques du soumissionnaire. Vous avez donné de la publicité à sa lettre (*).

La réclamation adressée à M. le Ministre de la Marine est restée jusqu'à présent sans aucune réponse.

Les Directeurs des paquebots sur la Seine, destinés uniquement au transport des passagers, ont aussi réclamé votre appui, afin d'obtenir l'exemption du droit du dixième du prix des places qui ne figure que pour une fraction, (environ du tiers à la moitié) dans les chiffres du Tarif du Chemin de Fer, et dont celui-ci trouve une ample compensation dans les avantages qui lui sont accordés par l'État : tels que subvention, prêt à un faible intérêt, etc. En appuyant cette réclamation, vous n'avez pu vous dispenser, avec tout le respect dû à cette haute juridiction, de quelques réflexions sur l'arrêt de la Cour de Cassation qui a soumis cette entreprise au paiement d'un droit, dont évidemment, d'après de précédents arrêts de cette Cour même, elle devait être affranchie comme faisant une navigation maritime. Vous avez demandé une révision de la loi.

(*) Voir le *Journal du Havre* et le *Courrier du Havre* du 11 Mai 1847.

Vous n'avez reçu aucune réponse.

Tout récemment encore les Directeurs des compagnies de transport par eau ont réclamé votre appui au sujet du paiement qu'on exige d'eux au passage des ponts construits sur la Seine pour le service du Chemin de Fer. Le texte du cahier de charges, annexé à la loi du 15 juillet 1840 vous a paru indiquer clairement l'intention du législateur de préserver, autant que possible, la navigation de tous les inconvénients résultant de l'établissement des ponts, de mettre à la charge de la Compagnie tous les frais nécessaires pour que ses travaux n'empêchent pas le service de se faire et de se continuer comme il avait lieu avant l'entreprise. Ces termes sont si précis que vous ne pouviez attribuer qu'à un malentendu l'exigence dont la navigation fluviale était l'objet, et vous ne doutiez pas que le Ministre des Travaux Publics ne s'empressât de la faire cesser. Vous l'aviez vainement espéré. M. le Ministre, d'après l'avis du Conseil Général des Ponts-et-Chaussées, a déchargé le Chemin de Fer des frais de pilotage au pont du Manoir, et s'il les a mis à sa charge au pont d'Oissel, c'est uniquement parce que la Compagnie n'a pas encore exécuté certains travaux réclamés par l'Administration.

Vous avez pu voir dans le *Journal du Havre* un jugement de M. le Juge de Paix du Pont-de-l'Arche, qui est en opposition avec l'avis adopté par M. le Ministre. On ne peut que faire des vœux pour que la décision de M. le Juge de Paix, si juste et si solidement motivée, reçoive la sanction de la juridiction supérieure, si elle lui est soumise.

La question des correspondances transatlantiques qui avait été déjà l'objet des vives préoccupations de la Chambre de Commerce, a dû tenir encore pendant l'année dont je vous rends compte en ce moment, une grande place dans vos délibérations. Je suis obligé, pour pouvoir la traiter convenablement, de remonter un peu en arrière.

La loi du 16 Juillet 1840 n'avait reçu d'exécution qu'en ce qui concernait les constructions des grands bâtiments à vapeur destinés à servir de paquebots; mais elle était restée complètement inexécutée quant à leur emploi à ce service. En Mars 1845, M. le Ministre des Finances présenta à la Chambre des Députés un projet de loi tendant à faire donner au Gouvernement l'autorisation de traiter avec des compagnies commerciales pour l'exploitation, au moyen de paquebots soit à vapeur, soit à *voiles et à vapeur*, de quatre lignes dont les points de destination en Amérique étaient indiqués, mais dont les points de départ n'étaient pas fixés : le Ministre demandant à cet égard toute liberté d'accepter les propositions qui pourraient lui être faites. Cette proposition introduisait dans la question des correspondances transatlantiques un nouvel élément, celui *des Paquebots à voiles et à vapeur* : c'est ce qu'on a appelé le système mixte; et pour éviter toute équivoque dans ce que j'ai à vous dire à ce sujet, je rappelle tout de suite la définition de ce système. La Chambre de Commerce a constamment entendu par *système mixte*, une navigation dans laquelle la vapeur n'est employée que comme auxiliaire de la voile, en opposition avec le système à *toute vapeur* dans lequel la vapeur reste le principal, pour ne pas dire l'unique moteur. Ce nouveau système pouvait-il répondre aux besoins du Commerce de manière à permettre à la France de soutenir la concurrence des lignes anglaises, et particulièrement à justifier d'importantes subventions de la part de l'État? C'était-là une question que La Chambre de Commerce a dû examiner attentivement. Elle a pensé qu'une grande vitesse, *la plus grande vitesse possible*, est une condition essentielle, indispensable, des correspondances transatlantiques; la seule qui puisse permettre de soutenir la lutte avec les lignes établies en Angleterre, la seule en faveur de laquelle il puisse être utile d'accorder des subventions. Des délégués spéciaux avaient été chargés d'exposer ces vues à la Commission de la Chambre des Députés à laquelle l'examen du projet de loi avait été confié. Ils avaient aussi présenté à cette Commission les motifs d'intérêt général qui s'opposent à ce que le siége des lignes de correspondances soit placé ailleurs qu'au Havre. Dans un mémoire adressé à la Chambre des Députés, le 8 Juin 1845, par la Chambre de Commerce, toutes les considérations qui avaient été exposées devant la Commission se trouvaient développées. Pour ne laisser rien d'incertain sur le terme de grande vitesse, la marche de douze nœuds à mer calme avec le plein chargement à bord, en marchandises, passagers et approvisionnements, était spécifiée comme devant être exigée. Dans le même moment, la Commission présentait son rapport (*). Le Ministre avait demandé que la loi ne fixât pas impérativement le siége des lignes; la Commission, au contraire, voulait que cette fixation se trouvât dans la loi. Elle plaçait au Havre la ligne de New-York, et attribuait les autres à Nantes, Bordeaux et Marseille. En adoptant la rédaction du projet, quant à l'emploi des bâtiments à vapeur, ou à voiles et à vapeur, elle ajoutait une disposition pour autoriser le Gouvernement à limiter le tonnage applicable au transport des marchandises. La session était trop avancée pour que ce rapport pût être discuté.

A l'ouverture de la session suivante, la reprise du projet de loi a été votée sans objections; mais au moment où la discussion paraissait sur le point de commencer, M. le Ministre des Finances a demandé un ajournement basé sur des communications qu'il avait reçues. La Commission se trouvait donc appelée à examiner de nouveau les questions relatives aux correspondances transatlantiques. La Chambre de Commerce a fait auprès d'elle une démarche uniquement pour appeler son attention sur la concurrence que les paquebots paraissaient devoir faire à la navigation à voiles, si,

---

(*) Le rapport a été déposé le 4 Juin 1845 : mais il n'a été publié par le *Moniteur* que le 14 Juin.

comme on l'annonçait, ils ne devaient pas se borner au transport des correspondances et des passagers. Une lettre dans le même sens a été écrite à M. le Ministre des Finances, et M. Clerc, qui déjà avait soutenu avec énergie et talent les vues de la Chambre de Commerce devant la Commission, s'est trouvé de nouveau chargé de la même mission et s'en est acquitté avec le même zèle.

Le 20 Avril 1846, la Commission a présenté un nouveau rapport dans lequel, revenant sur sa première détermination, elle ne proposait plus d'insérer dans la loi la fixation du siége des lignes ; elle indiquait seulement l'obligation de placer une des lignes dans un des ports de la Méditerranée. Peu de jours après, le projet de loi était retiré de l'ordre du jour.

Je viens, Messieurs, de vous retracer le plus brièvement qu'il m'a été possible, tout ce qui s'était passé relativement à cette question avant l'époque de votre installation. Il me reste à vous entretenir des faits auxquels vous avez directement pris part.

La Chambre des Députés ayant été dissoute, la question ne pouvait revenir devant elle qu'au moyen d'une proposition du Gouvernement. Il était naturel de penser que M. le Ministre des Finances qui avait lui-même proposé de réserver au Gouvernement la faculté, d'après les propositions qui lui seraient faites, de choisir le siége des lignes, dont la proposition avait été presque entièrement acceptée par le dernier Rapport de la Commission, viendrait la reproduire. Cette prévision ne s'est pas réalisée, M. le Ministre est venu le 17 Février dernier présenter à la Chambre des Députés deux projets de loi : l'un avait pour objet de sanctionner un traité relatif à l'emploi sur la ligne du Havre à New-York de quatre des paquebots construits en exécution de la loi de 1840. Je m'empresse de dire, pour n'avoir plus à y revenir, que vous ne vous êtes en aucune manière occupés de ce projet de loi. Il avait été tellement reconnu de toutes parts que la ligne de New-York ne pouvait pas être placée ailleurs qu'au Havre ; que vous n'avez pas cru nécessaire d'intervenir pour la défense d'une cause que personne n'attaquait. Vous avez seulement, ainsi que j'ai déjà eu l'honneur de vous le rappeler, insisté pour que notre port devint accessible à ces grands paquebots.

L'autre projet de loi proposait de placer les trois autres lignes à St. Nazaire (Nantes), Bordeaux et Marseille. M. le Ministre demandait à être autorisé à traiter avec une ou plusieurs Compagnies commerciales pour l'exploitation de ces lignes au moyen de pa quebots soit à vapeur, soit à voiles et à vapeur. Il n'a pas cru nécessaire d'expliquer les motifs qui l'ont déterminé à abandonner sa proposition primitive.

Toutes les observations que La Chambre de Commerce avait présentées sur la fixation du siége des lignes, et sur le système de navigation à adopter conservaient leur force vis-à-vis de cette nouvelle proposition. Des soumissions avaient été remises à M. le Ministre des Finances pour l'établissement des trois lignes aux points indiqués avec les bâtiments du système mixte moyennant une subvention de cinq millions. Cependant si la Compagnie était autorisée à concentrer toutes les lignes au Havre, elle avait d'abord annoncé qu'elle ne réclamerait aucune subvention, se contentant du produit des correspondances. Elle était ensuite revenue sur cette offre et avait demandé, dans le cas de la réunion des lignes au Havre, une subvention de trois millions. Vous ne pouviez manquer, Messieurs, de recourir de nouveau au zèle et aux lumières de notre collègue M. Clerc qui avait fait une étude si approfondie de cette question, qui l'avait traitée avec tant de netteté dans le Mémoire du 8 Juin 1845. Il a obtenu plusieurs audiences de la Commission de la Chambre des Députés. Votre Président s'étant trouvé aussi à Paris a eu également l'honneur d'être admis auprès de la Commission. M. Clerc s'est attaché à démontrer que les lignes de correspondances transatlantiques ne peuvent être établies avec quelque chance de succès que là où le concours des affaires et des voyageurs

13

leur offre un aliment suffisant. Il a prouvé par des chiffres que, pour toutes les lignes, les relations du Havre avec les points où elles aboutissent en Amérique sont égales à peu de chose près à celles des trois autres ports ensemble, et que, sur la ligne du Brésil notamment, elles excèdent de beaucoup le chiffre réuni des trois ports ; que Le Havre est d'ailleurs le point où s'opère l'exportation de la plus grande partie des marchandises de valeur provenant soit de la France soit de l'étranger ; que les paquebots à vapeur de Rotterdam, de Hambourg, le transit de l'Allemagne apportent au Havre les marchandises destinées pour le Brésil, le Mexique, etc.; et que, ces marchandises pouvant être expédiées par l'Angleterre, on n'irait très certainement pas les porter à Nantes ou à Bordeaux.

Ces raisons n'ont pu convaincre la Commission qui, dans son Rapport, a adopté la fixation des Lignes, avec une subvention de cinq millions. Elle n'a pas été arrêtée par l'économie de deux millions offerte par la Compagnie soumissionnaire pour le cas où les lignes seraient toutes placées au Havre.

Ce Rapport signalait un fait très important : c'est que cinq Membres seulement avaient adopté les résolutions présentées à la Chambre des Députés, et que quatre Membres avaient été d'un avis contraire. Je veux m'abstenir ici de toute réflexion sur les éléments dont se composaient ces deux fractions de la Commission, et si je mentionne ce fait, ce n'est que comme une preuve que les arguments en faveur de la concentration des lignes au Havre étaient de nature à produire une certaine impression, puisque, sur neuf honorables Députés qui ont examiné la question, il s'en est trouvé quatre auxquels les avantages de cette concentration ont paru démontrés.

M. Clerc ne pouvait laisser ce Rapport sans réponse. Il a fai imprimer en votre nom le 18 mai et a fait distribuer à la Chambre des Députés des observations dans lesquelles il a commencé par poser les principes qui doivent présider à l'établissement des correspondances transatlantiques, les conditions qu'elles doivent remplir pour répondre aux besoins du pays : économie dans le premier établissement ; satisfaction aux intérêts politiques et commerciaux du pays. La preuve évidente que la concentration au Havre remplit la première condition se trouve dans le fait de la soumission de la Compagnie avec une réduction de deux millions pour le cas de cette concentration. M. Clerc établit par l'énumération des objets transportés par les paquebots transatlantiques que Le Havre est le port le mieux placé pour réunir tous ces objets. Il répond aux objections qu'on a cru pouvoir présenter en faveur des autres ports d'après les communications rapides que les chemins de fer doivent leur procurer. Il signale la différence qui existe entre les objets que les départements du midi peuvent livrer à l'exportation, objets en général d'une faible valeur, et ne pouvant supporter un fret élevé, et ceux qui sont fournis par les départements du Nord et de l'Est de la France et qui consistent en produits manufacturés ayant une grande valeur sous un petit volume. Récapitulant le mouvement total de la navigation française des quatre principaux ports du royaume, il établit que

Le Havre y figure pour 54, 99 pour cent
Bordeaux   20, —
Marseille   19,67
Nantes   5,54.

J'allongerais beaucoup trop ce travail si je voulais suivre M. Clerc dans ses réponses aux objections par lesquelles M. le Rapporteur s'est efforcé d'atténuer l'effet de ces chiffres.

En ce qui concerne la nature des bâtiments à employer, M. Clerc rappelle l'opinion que La Chambre de Commerce n'a cessé de professer sur les avantages de la grande vitesse. Il fait cependant une légère concession à l'égard de la ligne du Brésil.

Il termine en appelant l'attention de MM. les Députés sur l'inconséquence, au moment où l'on s'occupe d'une régénération commerciale, de vouloir distraire *par une loi* les affaires de leur marche naturelle, de vouloir imposer au pays des charges pour faire mal ses affaires, et diminuer l'importance de notre commerce international déjà si faible.

Il semblait que la discussion, du moins en ce qui concernait la part que vous pouviez y prendre, était terminée : mais les journaux ayant annoncé qu'une nouvelle soumission était présentée à M. le Ministre des Finances et que la Commission devait en être prochainement saisie, que le chiffre de la subvention demandée s'y trouvait réduit à 2,800,000, vous avez cru devoir faire encore une démarche auprès de la Commission. Vous référant au Mémoire de M. Clerc pour tout ce qui concernait le siége des lignes, vous faisiez observer que la question sur laquelle il s'agissait de prononcer était celle de savoir si l'établissement des correspondances transatlantiques doit être fait dans l'intérêt de deux ou trois ports ou dans l'intérêt général du Royaume. Après avoir rappelé l'opinion que vous avez toujours émise sur la nécessité d'employer pour les correspondances transatlantiques le système de la grande vitesse à la vapeur seule, système qui exclut le transport des marchandises, ou qui du moins le réduit à un petit nombre d'articles d'une grande valeur, et qui peut seul justifier une subvention de l'État, vous protestiez, dans l'intérêt de la navigation à voiles, contre toute subvention donnée à un système qui, en permettant de ne réserver pour le combustible qu'un espace restreint, donnerait la faculté de faire, à l'aide de l'argent des contribuables, une concurrence fâcheuse à la marine marchande. Donner de l'argent pour un service incomplet, incapable de soutenir la lutte avec les services des autres nations, et devant de plus porter préjudice à nos navires à voiles, vous paraissait la combinaison la plus déplorable qu'il fût possible d'imaginer, et vous demandiez à la Commission de ne pas l'accueillir. Prévoyant cependant la possibilité que cette combinaison fût admise, vous présentiez quelques observations sur les conditions qui paraissaient devoir être imposées pour assurer autant que possible la régularité du service. Comme il avait été précédemment annoncé que la Compagnie soumissionnaire aurait consenti à se charger du service de toutes les lignes réunies au Havre sans autre subvention que les ports de lettres, vous déclariez que, restreinte à ces termes, la soumission ne rencontrerait de votre part aucune objection ; que ce deviendrait alors une entreprise ordinaire, ayant plus ou moins de chances de succès, mais que les deniers publics ne seraient plus employés à créer un privilége au préjudice des armements du Commerce. En résumé, vous faisiez observer à la Commission que ce n'est pas tant la concentration des lignes au Havre que vous demandez, que la liberté pour les compagnies de choisir le port où elles voudront se placer.

La Chambre, malgré les efforts de M. le Rapporteur de la Commission et de M. le Ministre des Finances, s'est décidée à ajourner la question.

La discussion sera sans doute reprise à la prochaine session, et vous aurez à renouveler vos efforts pour obtenir une solution conforme à votre dernière lettre, savoir :

Liberté pour les Compagnies de choisir le point de départ en France des lignes, ainsi qu'elles le jugeront à propos ;

Refus de toute subvention de l'Etat, autres que les ports de lettres, à tout service qui n'emploierait pas le système de la vapeur comme principal moteur.

Je ne veux pas quitter ce sujet, Messieurs, sans consigner ici l'expression de toute votre reconnaissance envers notre honorable collègue M. Clerc. Il a suivi cette affaire avec une activité, un dévouement, et en même temps une prudence et une sagacité qui méritent tous vos éloges.

Il ne me reste plus maintenant à vous entretenir que de quelques questions d'une moindre importance qui vous ont occupés pendant le cours de cette année.

Le Congrès des États-Unis a cru nécessaire de modifier sa législation sur l'embarquement des passagers. Au lieu de proportionner le nombre des passagers au tonnage du navire, comme le faisait la législation antérieure, l'acte du 22 Février 1847 désigne l'emplacement, en surface libre, qui doit être réservé à chaque passager. Assurément il n'aurait pu venir à la pensée de personne d'élever la moindre réclamation sur cet usage que le Congrès, par des motifs de philanthropie, faisait de son pouvoir législatif, mais par un nouvel acte du 2 Mars il décidait que l'acte du 22 Février serait en vigueur, pour les navires arrivant des ports en deçà des caps de Bonne-Espérance et de Horn à partir du 31 Mai suivant, ce qui semblait annoncer que ce nouveau réglement serait immédiatement appliqué aux navires qui arriveraient après le terme fixé. Aucune notification officielle de ce changement n'était faite par le consul des États-Unis. Ce n'est qu'à la date du 21 Juin que cette notification a eu lieu. Quelques personnes ayant des relations suivies avec les États-Unis, avaient reçu au commencement d'Avril, des informations à ce sujet; mais des navires étaient partis du Havre dans le courant d'Avril avec des émigrants, en se conformant seulement aux prescriptions des anciens réglements. Ils étaient donc exposés à encourir les pénalités rigoureuses établies par la nouvelle loi. D'ailleurs les arrangements pour le transport des émigrants se font assez longtemps d'avance, et sont basés sur les moyens de transports sur lesquels on sait pouvoir compter. Les bases de calcul se trouvaient inopinément changées. Vous ne pouviez rester indifférents aux mécomptes des armateurs et des personnes pour qui l'embarquement des émigrants est une branche importante d'industrie. Vous vous êtes empressés d'écrire à MM. les Ministres du Commerce et des Affaires étrangères, pour demander que des réclamations fussent adressées au Gouvernement Américain, sur la brièveté des délais accordés pour un changement aussi important. Vous signaliez aussi à ces deux Ministres le peu de soin qu'avaient mis les agents consulaires de la France, à transmettre des avis sur ce changement dont ils ne pouvaient méconnaître la gravité. M. le Ministre des Affaires étrangères a de suite transmis des instructions à M. le Ministre de France à Washington pour qu'il eût à soutenir au besoin les réclamations des capitaines qui n'auraient pas reçu à temps la notification des nouveaux réglements.

M. le Secrétaire de la trésorerie des États-Unis a, par une nouvelle interprétation de la loi, fait connaître que le terme du 51 Mai, qui avait paru devoir être considéré comme le délai fatal pour l'arrivée des navires, devait au contraire être appliqué à leur départ des ports d'Europe. Les réclamations ont dès lors perdu leur importance.

Transport du Tabac et des Houilles destinés aux services publics

Cédant à des demandes qui lui avaient été adressées de plusieurs points, M. le Ministre de la Marine avait fait insérer dans les cahiers de charges des fournitures de charbons destinés au service des bâtiments à vapeur de l'État, une clause qui en réservait le transport au pavillon français; M. le Ministre des Finances avait suivi cet exemple pour les fournitures de Tabacs à employer dans les manufactures royales: mais le Gouvernement Américain avait vu dans cette préférence accordée au pavillon national une contravention au traité de réciprocité qui nous lie avec cette puissance, et avait adressé à ce sujet des représentations au Gouvernement Français.

Plusieurs négociants du Havre, inquiets de l'effet de ces représentations, de l'accueil qu'elles pouvaient recevoir de la part du Ministère, s'étaient adressés à La Chambre de Commerce. Ils lui avaient manifesté la satisfaction que leur avait fait éprouver la clause insérée au cahier de charges, et lui avaient signalé l'effet qu'elle avait dû produire, de décider plusieurs maisons à faire construire de grands navires ayant les conditions nécessitées par ce nouvel aliment; ils lui avaient annoncé que plusieurs de ces navires étaient sur les chantiers , et que des marchés étaient passés pour d'autres; puis ils avaient fait mention des bruits qui s'étaient répandus sur un engagement pris par le Ministre de retirer, lors des futures adjudications , la clause favorable à la marine française. Ils n'avaient pu croire que le Ministre eût adopté une mesure sans y avoir mûrement réfléchi, et qu'il fût disposé à la retirer : cependant, les bruits prenant de la consistance ,ils avaient senti le besoin de provoquer des explications franches et catégoriques qui permissent au Commerce maritime de s'arrêter assez à temps pour éviter sa ruine , et c'était pour obtenir ces explications qu'ils avaient eu recours à La Chambre.

Cet appel n'était pas resté sans effet : des lettres avaient été immédiatement adressées à MM. les Ministres des Finances , du Commerce et des Affaires étrangères ; mais elles étaient restées sans réponse. Des démarches faites par un Membre de La Chambre au Ministère des Affaires étrangères n'avaient eu aucun résultat.

La nécessité de renouveler les approvisionnements des manufactures avait cependant obligé l'Administration à publier un nouveau cahier de charges , et la clause qui réservait exclusivement au pavillon français le transport des tabacs , était remplacée par une stipulation de simple préférence , accompagnée de conditions qui la rendaient à peu près illusoire.

Le jour même de votre installation , votre attention a été appelée sur ce changement. L'incertitude dans laquelle le Gouvernement avait laissé le Commerce jusqu'au dernier moment était en effet une chose grave : on avait d'abord dû penser que M. le Ministre des Finances, en réservant au pavillon français le transport exclusif des tabacs, avait bien envisagé toutes les conséquences de cette décision , qu'il s'était assuré qu'elle ne contenait rien de contraire au traité avec les États-Unis, et qu'ayant acquis cette conviction, il aurait ensuite résisté aux réclamations du Gouvernement Américain. Quoique sans espoir d'obtenir aucun redressement, vous n'avez pas cru devoir dissimuler à M. le Ministre des Finances votre opinion sur les déplorables conséquences que devrait avoir sa nouvelle décision.

Vous avez reçu, il y a quelques mois, la communication d'une pétition adressée à la Chambre des Députés par des négociants, armateurs, et courtiers de Dunkerque, afin d'obtenir que le transport des combustibles destinés au service des paquebots de l'Administration des Postes soit exclusivement réservé au pavillon français.

Vous avez prié M. le Député du Havre, d'appuyer cette pétition, lorsque le rapport en serait fait à la Chambre des Députés, ce qu'il a bien voulu promettre.

Nombre des Courtiers au Havre

Vous avez été appelés par M. le Sous-Préfet à émettre votre avis sur une demande qui avait été adressée à M. le Ministre du Commerce afin d'obtenir en faveur d'un habitant de cette ville la création d'une nouvelle place de Courtier. Vous receviez en même temps une lettre, portant la signature de neuf maisons très recommandables de la place qui vous exposaient les motifs d'après lesquels les signataires pensaient qu'il était nécessaire d'augmenter le nombre des Courtiers, tant des Courtiers de marchandises que des Courtiers de navires. D'un autre côté, il vous était aussi remis une lettre signée par cent-deux maisons de la place également fort honorables, et qui vous priaient de ne pas accueillir la demande d'augmentation, parce que le nombre des Courtiers est suffisant, et qu'ils s'acquittent de leurs fonctions à la satisfaction générale.

D'après la règle que La Chambre s'est constamment imposée de s'abstenir de tout appui à des réclamations d'intérêt purement individuel, vous avez d'abord écarté d'une manière absolue la pétition adressée à M. le Ministre du Commerce. Voyant ensuite la majorité considérable des négociants de la place qui s'étaient prononcés contre toute augmentation du nombre des Courtiers, vous avez été d'avis qu'il n'y a pas lieu, en ce moment, à demander la création de nouvelles places.

Vous n'avez pas voulu cependant laisser passer cette occasion sans rappeler et renouveler le vœu que La Chambre de Commerce avait émis en 1819, en 1821, en 1826 et en 1840 pour le retour, avec les ménagements convenables pour les intérêts engagés dans la question, au système de liberté du courtage établi en 1791.

Prix
des Abonnements
pour
la réception
des Lettres
au guichet
de la Poste

Des observations vous ont été présentées sur le prix de l'abonnement payé par les négociants pour recevoir leurs lettres au guichet de la poste sans attendre les distributions à domicile par les facteurs. Cet abonnement avait été fixé en 1830 de concert avec la Chambre de Commerce. Vous avez voulu recueillir des informations sur ce qui se pratique à cet égard dans quelques unes des principales villes de commerce du royaume. Ces informations sont réunies; il y aura lieu d'examiner quelle suite devra être donnée à cette affaire.

Établissement
d'une École
de Mousses

M. le Commissaire de l'Inscription maritime avait appelé en 1844 l'attention de la Chambre de Commerce sur l'utilité de l'établissement d'une école des mousses au Havre, comme il en existe à Bordeaux et à Nantes. Une Commission avait été nommée pour l'examen de cette question : mais diverses circonstances avaient empêché cette Commission de se livrer au travail dont elle était chargée, et ce n'est qu'au mois de Novembre dernier qu'elle a pu vous faire son rapport.

En applaudissant aux vues philanthropiques qui avaient animé M. le Commissaire, et en manifestant son adhésion aux considérations présentées en faveur de l'établissement proposé, votre Commission s'est vue, avec le plus vif regret, et en se faisant violence, dans la nécessité de vous proposer d'ajourner l'exécution d'un projet pour lequel La Chambre de Commerce du Havre manque absolument des ressources financières qui ont permis à d'autres Chambres de faire des sacrifices en faveur de semblables institutions.

Des plaintes s'étaient élevées au sujet de quelques erreurs qui s'étaient glissées dans la rédaction du tarif de la composition du tonneau de marchandises pour le fret, que La Chambre de Commerce avait revêtu de son approbation en 1856. On avait notamment signalé l'omission de quelques articles qui n'étaient entrés dans le cercle des opérations commerciales que depuis la rédaction de ce Tarif. Vous avez pensé qu'il était nécessaire de se livrer à une révision générale du Tarif; et vous avez invité MM. les Courtiers de navires à procéder à cette révision. Ils se sont empressés de déférer à votre invitation, et vous ont présenté un travail extrèmement complet. La Commission à laquelle vous en avez confié l'examen s'est entendue avec MM. les Courtiers sur les changements apportés par ce nouveau travail au tarif précédent, et elle vous proposera de donner votre approbation à un nouveau tarif qui paraît devoir ne laisser rien à désirer.

Votre attention a été appelée sur la facilité avec laquelle on peut embarquer sur les navires des substances susceptibles de s'enflammer soit spontanément, soit par leur contact avec d'autres substances. Déjà en 1844, La Chambre de Commerce avait été frappée des dangers résultant du défaut de précautions avec lequel de pareilles substances sont expédiées par les fabricants, sont déposées dans des magasins publics ou particuliers, et sont embarquées à bord des navires, sans qu'aucune indication signale leur présence, et même quelquefois sous des désignations mensongères qui écartent tout soupçon sur la nature des objets embarqués. Elle s'était adressée à M. le Ministre du Commerce afin d'obtenir la présentation d'une loi pour obliger, sous de sévères pénalités, les fabricants ou expéditeurs de pareilles marchandises à placer sur les colis des indications visibles qui les signalent à l'attention, et mettent toutes les personnes qui ont à manipuler ou à recevoir ces colis à portée de prendre les précautions convenables. M. le Ministre n'avait pas jugé nécessaire de formuler de nouvelles dispositions : il avait pensé que quelques précautions de la part des capitaines suffiraient pour prévenir les dangers signalés par La Chambre : cependant à la fin de sa lettre, il annonçait l'intention de soumettre la question à un nouvel examen. La Chambre, acceptant l'espoir d'une étude plus approfondie, s'était bornée à faire apercevoir tout ce que les précautions indiquées par M. le Ministre avaient de peu praticable. De récentes circonstances, dans lesquelles des matières inflammables avaient été embarquées sous des désignations inexactes, mais où leur présence avaient été cependant heureusement signalée avant le départ des navires, vous ont été citées. Vous avez aussi considéré l'épouvantable aggravation de dangers qu'occasionnerait la présence de semblables matières en cas d'accident dans leur transport par le Chemin de Fer, et vous avez cru nécessaire de faire une nouvelle démarche auprès de M. le Ministre et de lui demander avec instances qu'un projet de loi soit présenté pour astreindre les fabricants ou expéditeurs de matières susceptibles d'inflammation à mettre à l'extérieur des colis une marque très apparente qui en fasse connaître le contenu, ou même à peindre ces colis d'une couleur déterminée.

M. le Ministre n'a pas encore fait connaître ses intentions sur cette demande qui ne remonte pas à une époque éloignée.

Établissement d'un Conseil de Prud'hommes au Havre

Des chefs d'établissements industriels avaient réclamé, vers la fin de 1847, le concours de La Chambre de Commerce afin d'obtenir la création au Havre d'un Conseil de Prud'hommes, et La Chambre s'était empressée de donner son appui à cette demande. Quelques mois après, elle avait été officiellement appelée à émettre un avis sur les diverses questions qui se rattachaient à l'organisation de ce

Conseil , et un de ses derniers actes , avant son renouvellement avait été de répondre aux questions qui lui avaient été soumises. M. le Sous-Préfet, tout récemment, vous a invités de nouveau à délibérer sur des questions qui, en grande partie, avaient
déjà reçu une solution l'année dernière. Vous jugerez sans doute
nécessaire, Messieurs, dans le cours de cette séance même, de nom-
mer la Commission qui devra se livrer à un nouvel examen de ces
questions, et je sais d'avance que, de la part de la Chambre de Commerce, rien ne sera épargné pour accélérer l'instruction d'une affaire qui intéresse toute la population industrielle et ouvrière de
notre ville et de ses environs.

Navigation
et Commerce
du Havre
en 1846
comparé à 1845

L'exposé que j'ai l'honneur de vous soumettre, Messieurs, serait,
je le comprends, incomplet, si j'omettais de vous présenter quelques aperçus sur le mouvement de la navigation et du commerce :
mais ici j'éprouve un embarras que je ne puis vous cacher. Tout ce
dont je vous ai entretenus jusqu'ici se renfermait dans l'espace de
temps qui s'est écoulé depuis le 9 Octobre de l'année dernière jusqu'au moment actuel. Si, sur quelques points, j'ai dû me reporter
à des faits antérieurs, j'y étais obligé pour la clarté des explications
dans lesquelles j'avais à entrer. Pour retracer des mouvements commerciaux, il ne serait matériellement pas sans quelque difficulté de
rechercher dans les documents ce qui appartient aux trois derniers
mois de 1846 et aux huit ou neuf premiers mois de 1847. Un tableau ainsi fractionné n'offrirait d'ailleurs pas des points de comparaison bien déterminés, et je ne puis croire qu'il satisfasse réellement au désir que vous devez éprouver de saisir l'ensemble du
mouvement de notre commerce. D'un autre côté, aujourd'hui,
lorsque l'année 1847 est déjà aux trois quarts écoulée, mettre sous
vos yeux ce qui se rapporte à l'année 1846 , n'est-ce pas revenir sur
un passé trop éloigné pour n'avoir pas perdu une grande partie de
son intérêt? C'est cependant le parti auquel j'ai dû m'arrêter. La

révolution annuelle est celle qui sert de base à tous les relevés faits par le Gouvernement ; en vous présentant quelques uns des traits principaux du tableau du commerce local pendant l'année 1846, en y rattachant des comparaisons relatives à 1845, je me serai conformé à ce qui se pratique le plus généralement, et je laisserai aussi à ceux qui me succéderont dans ce fauteuil auquel votre confiance m'a appelé un point de départ fixe s'ils jugent à propos de suivre l'exemple que je leur donne aujourd'hui, et de vous entretenir à leur tour des faits commerciaux de l'année.

L'administration des Douanes vient de livrer à la publicité le tableau général du commerce de la France en 1846, M. le Directeur général a bien voulu vous en adresser un exemplaire. Je crois inutile de me livrer à aucune appréciation des faits recueillis dans cet important travail, et je me renfermerai plus modestement dans ce qui concerne le port du Havre. Je manquerais à un devoir de justice si je ne m'empressais de reconnaître que j'ai puisé toutes mes informations dans les relevés publiés avec tant de soin, et en même temps avec tant d'opportunité, par le *Journal du Havre* (*).

Le mouvement de la navigation du port du Havre dans le cours de 1846 a été comme suit :

ENTRÉE

Long-cours	586 navires jaugeant	217,000 tonneaux
Grand cabotage	1,778	312,000
Petit cabotage	4,713	259,000
	7.077	788,000 tonneaux

SORTIE

Long-cours	587 navires jaugeant	221,000 tonneaux
Grand cabotage	1,458	245,000
Petit cabotage et chalans	4,997	408,000
	7,042	874,000 tonneaux

(*) Voir *Journal du Havre* des 3 et 4 Janvier (supplément), 5 et 8 Janvier 1847.

L'année 1845 avait donné les résultats suivants :

ENTRÉE

Long-cours .... 629 navires jaugeant 224,000 tonneaux
Grand cabotage 1,702 273,000
Petit cabotage 3,939 245,000

6,270   742,000 tonneaux

SORTIE

Long-cours .... 519 navires jaugeant 192,000 tonneaux
Grand cabotage 1,216 183,000
Petit cabotage et chalans 4,185 418,000

6,920   793,000 tonneaux

Ainsi l'année 1846 comparée à 1845 a présenté :

A L'ENTRÉE

Une augmentation de 807 navires et de 46,000 tonneaux.

Mais cette augmentation dans l'ensemble se convertit au contraire en une diminution si on s'attache seulement à la navigation de long-cours qui présente une diminution de 43 navires et de 7,000 tonneaux.

A LA SORTIE

L'augmentation sur l'ensemble est de 122 navires et de 81,000 tonneaux, et sur le long-cours il y a aussi augmentation de 68 navires et de 29,000 tonneaux.

Dans les 586 navires de long-cours entrés en 1846 :

Le pavillon français figure pour .... 387 navires........ 66,04
Le pavillon américain pour 195 33,25
Autres pavillons 4 0,68

586   100

Dans les 587 navires de long-cours sortis dans la même année

Le pavillon français figure pour .... 369 navires........ 62,86
Le pavillon américain 205 34,92
Autres pavillons 13 2,22

587   100

Dans l'année 1845 la proportion avait été comme suit :

A L'ENTRÉE

Navires français	421	66,93
Navires américains	206	32,75
Autres	2	0.32
	629	100

A LA SORTIE

Navires français	308	59,34
Navires américains	196	37,77
Autres	15	2,89
	519	100

La part du pavillon français, comme vous le voyez, Messieurs, a peu varié d'une année à l'autre pour les navires entrés : mais à la sortie il y a eu une petite augmentation en 1846, ce qui peut être attribué, au moins en partie, à la mesure qui avait réservé au pavillon français le transport exclusif des tabacs achetés par la Régie. Il est en effet parti en 1846 pour les États-Unis 17 navires Français, et il n'y en avait eu en 1845 que 4 qui eussent reçu cette destination.

Je me trouverais entraîné à des détails beaucoup trop étendus si j'entreprenais de vous présenter le tableau général des marchandises entrées dans notre port pendant l'année 1846 et la comparaison de ces arrivages avec ceux de l'année précédente. Je me bornerai donc à vous entretenir d'un petit nombre d'articles principaux :

COTONS

L'importation des Cotons a été en 1846 :

Des États-Unis	315,878	balles
Du Brésil	820	
D'autres pays	9,237	
	325,935	balles

Celle de 1845 avait été :

Des États-Unis	322,205	balles
Du Brésil	2,784	
D'autres pays	6,298	
	331.287	balles

Le stock qui, au 31 Décembre 1845 avait été de 50,000 balles se trouvait réduit à la fin de l'année 1846 à 25,000 balles. Les cours avaient à cette époque subi une hausse assez importante.

SUCRES

Les arrivages de sucres ont été en 1846 :

> Martinique et Guadeloupe , 53,000 barriques.
> Bourbon , 49,645 sacs.
> Havane , 3,920 caisses , 2,224 barriques , 555 sacs.
> Brésil , 21,023 sacs , 70 caisses.
> Autres sortes , 4,170 barriques , 33 tierçons , 70 caisses.

En 1845 il était entré :

> Martinique et Guadeloupe , 66,500 barriques.
> Bourbon , 55,687 sacs.
> Havane , 1,051 barriques , 92 tierçons , 124 quarts.
> Brésil , 989 caisses , 21,344 sacs et quarts.
> Autres sortes , 6,851 barriques , 1,770 tierçons et quarts.

Il résulte de la comparaison des deux années que l'importation des Sucres des Colonies françaises, a subi en 1846 une notable diminution, mais que celle des Sucres de la Havane a augmenté dans une assez forte proportion.

Le stock en Sucres Martinique et Guadeloupe, qui était au 31 Décembre 1845 de 8,000 barriques , était réduit au 31 Décembre 1846 à 2,500 barriques.

Le prix de la bonne quatrième ordinaire était monté dans le courant de l'année de 59 fr. à 60 fr. 50 c. les 50 kilo.

CAFÉS

Il a été importé en 1846 :

> De la Martinique et de la Guadeloupe , 245 tierçons , 2,400 quarts.
> De Bourbon , 1,303 balles.
> D'Haïti , 59,620 sacs , 126 quarts.
> D'autres pays, 78,060 sacs , 1,537 boucauts , 3,759 quarts.

L'importation de 1845 avait été :

> De la Martinique et de la Guadeloupe , 170 tierçons , 2,415 quarts.
> De Bourbon , 1,887 sacs.
> D'Haïti , 68,218 sacs , 173 quarts.
> D'autres pays, 86,042 sacs , 1,828 boucauts et tierçons , 3,430 quarts

Le stock qui était à la fin de 1845 de 1,750,000 kilo, n'était à la fin de 1846 que de 1,100,000 kilo.

Les cours, sauf sur les Cafés d'Haïti qui avaient un peu monté, n'avaient guère varié d'une époque à l'autre.

INDIGOS

L'importation de 1846 a été :

De l'Inde	5,754 caisses.
D'Amérique	135 surons.

Celle de 1845 avait été :

De l'Inde	6,506 caisses.
D'Amérique	509 surons.

Le Stock était, à la fin de 1846, de 5,610 caisses (*) ; à la fin de 1845, il avait été de 5,100 caisses.

Le prix de l'Indigo Bengale, bon violet, n'avait varié, du 1er Janvier 1846, au 1er Janvier 1847, que de 25 centimes en hausse.

GRAINS ET FARINES

Le mouvement imprimé aux céréales par la mauvaise récolte de 1846, a commencé nécessairement à se faire sentir dans les derniers mois de l'année, et l'importation de 1846 a été :

En Farine de	55,750 barils.
En Grains de	54 chargements.

En 1845 il n'était entré que 3,056 barils de farines et 2 chargements de grains.

Recettes de la Douane du Havre en 1846 :

Droits de Douane	26,726,637 F.	60
Droits de Navigation	1,276.610	48
Sels	131,697	78
Recettes accessoires	39,578	38
	28,174,524 F.	24

(*) Renseignements fournis par M. Frédéric de Coninck.

En 1845 :

Droits de Douane	26,190,430 F.	07		
Droits de Navigation..	1,146,893	22		
Sels	142,458	78		
Recettes accessoires	43,191	58	27,522,973 F.	65

Augmentation en 1846 .... 651,550 F. 59

Il a été payé pour primes à l'exportation :

| En 1846 | 177,674 | 65 |
| En 1845 | 356,076 | 69 |

Diminution en 1846 .... 178,402 94

Le Tableau général du Commerce publié par l'Administration des Douanes signale (Résumé analytique p. xiii) une différence assez notable entre le chiffre des primes payées en 1845 et celui des primes de 1846 : mais cette différence est loin d'être dans une proportion aussi forte que celle que je viens de vous faire connaître. L'Administration l'attribue à la diminution des exportations de sucre raffiné. Le temps m'a manqué pour rechercher sur quels articles les exportations ont diminué au Havre.

Me voici, Messieurs, arrivé au terme du travail que votre délibération m'a imposé. Je me suis efforcé de répondre le mieux qu'il m'a été possible à vos intentions ; je ne puis me défendre de quelque crainte d'avoir lassé votre patience par la longueur de cet exposé : mais débutant dans une carrière nouvelle, j'ai dû, sur quelques objets, me livrer à des développements d'une certaine étendue concernant des faits antérieurs à l'époque dont j'avais à vous présenter le tableau. Celui d'entre nous qui aura l'année prochaine à remplir la même tâche pourra se dispenser de semblables détails, en se référant à l'exposé que vous venez d'entendre.

Je vais procéder à l'installation des nouveaux Collègues que le choix des électeurs nous a donnés, et je dois me rendre votre organe pour exprimer à ceux dont la rigueur d'une disposition réglementaire nous oblige de nous séparer, le regret vivement senti que nous éprouvons tous de cette séparation. Ils ont pris part depuis un assez grand nombre d'années à nos travaux ; ils y ont apporté le tribut de leurs talents et de leur expérience. Je leur en témoigne ici en votre nom toute notre reconnaissance. Leur souvenir vivra parmi nous ; et qu'il me soit permis d'exprimer l'espoir qu'après l'intervalle d'absence obligatoire, une nouvelle manifestation de la confiance des électeurs les ramènera dans nos réunions.

Nous venons d'être privés, par la démission de M. Robin, des lumières d'un Collègue qui ne faisait qu'à peine de commencer à concourir à nos travaux, et dans lequel nous avions pu nous flatter de voir encore pendant quelques années un bon et utile collaborateur.

Il ne me reste plus qu'à saluer l'entrée de nos cinq nouveaux Collègues. Quatre d'entre eux (*) ont déjà siégé longtemps parmi nous, et nous savons tous ce que nous devons attendre d'avantageux pour nos délibérations de la capacité dont ils ont donné tant de preuves. Je me plais à donner à l'honorable collègue qui entre pour la première fois dans cette Chambre (**) l'assurance qu'il y est reçu avec satisfaction et avec confiance.

Nous allons tous maintenant nous livrer avec une nouvelle ardeur à nos travaux habituels. Le passé m'est un sûr garant de l'empressement que chacun de nous mettra à y apporter cet esprit de concorde, de conciliation et de cordialité qui, depuis tant d'années a constamment régné dans cette Chambre, qui a rendu si agréables les rapports entre nous, et qui a si bien contribué à faciliter à votre Président les fonctions auxquelles il a été appelé par votre honorable confiance.

(*) MM. Tardieu, Larue, H. Monod et Berlin.
(**) M. Dollfus.

La Chambre décide que cet exposé sera imprimé à 400 exemplaires.

M. le Président fait lecture d'une lettre de M. le Sous-Préfet de l'arrondissement du Havre, du **23** Septembre, annonçant que M. le Ministre du Commerce a approuvé le procès-verbal des élections qui ont eu lieu le **23** Juillet dernier pour le renouvellement partiel de La Chambre.

Lecture est aussi faite de ce procès-verbal, duquel il résulte que MM. TARDIEU, ED. LARUE, HENRI MONOD, DOLLFUS et BERTIN ont été nommés Membres de la Chambre de Commerce. MM. LARUE, MONOD, DOLLFUS et BERTIN prêtent, sur l'invitation de M. le Président, serment de Fidélité au Roi des Français, d'obéissance à la Charte constitutionnelle et aux Lois du Royaume.

M. le Président les déclare installés dans leurs fonctions de Membres de la Chambre de Commerce.

M. TARDIEU étant absent, son installation est ajournée.

M. HERMÉ, cessant en ce moment de faire partie de la Chambre, cède le fauteuil de la présidence à M. NORMAND, le plus ancien membre.

La Chambre procède à deux scrutins pour la nomination du Président et du Vice-Président.

M. DELAROCHE est, à l'unanimité, renommé Président.

M. Ferrère est nommé Vice-Président à l'unanimité moins une voix.

La Chambre de Commerce est composée de

MM. Le Maistre O ✳ Maire, Président d'honneur ,
Delaroche ✳ Président,
Ferrère, Vice-Président.

Normand ✳,
Blanchard ,
Clerc ,
Labouchère ,
Fréd Perquer ,
Ch. Saglio ,

Mazeline aîné ,
Tardieu ,
Ed. Larue ,
H. Monod ,
Bertin ,

Une place vacante par la démission de M. Robin.